総合
中級中国語教程
［改訂版］

上野恵司 監修
李 錚強 著

白帝社

WEB 上での音声ファイルダウンロードについて

■ 『総合中級中国語教程』［改訂版］の音声ファイル（MP3）を無料でダウンロードすることができます。
「白帝社」で検索，または下記サイトにアクセスしてください。
https://www.hakuteisha.co.jp/audio/sougouchukyu.html
※別途ダウンロードアプリや解凍アプリ（Clipbox など）が必要です。
スマートフォンからは上記 URL を直接入力するか，右の QR コードでアクセスすることができます。

■ 本文中の CD マークの箇所が音声ファイル（MP3）提供箇所です。ファイルは ZIP 形式で圧縮された形でダウンロードされます。
　　吹込：呉志剛，李洵

■ ダウンロードがご不便な場合は，CD をお送りします。下記までご連絡ください。
　　㈱白帝社　電話 03-3986-3271　E-mail：info@hakuteisha.co.jp

■ 本書と音声は著作権法で保護されています。

ご注意

＊ 音声の再生には，MP3 ファイルが再生できる機器などが別途必要です。
＊ ご使用機器，音声再生ソフトに関する技術的なご質問は，ハードメーカー，ソフトメーカーにお問い合わせください。

まえがき

　このテキストは先にわたくしの監修の下に刊行された曹元春著『標準中国語応用会話編』の姉妹編であり，ともにわたくしが携わっている日本中国語検定協会が中級レベルの学習者を対象に開いている講座用テキストとして編まれたものである。
　先の『応用会話編』がその名の示すとおり会話文を主体に学習を進めていくものであるのに対し，本書は同じく会話文から入るものの，徐々に重点を新聞記事や雑誌の文章を素材とする講読に移していくように工夫されている。ただ，わたくしの考えでは，会話にしても講読にしてもあくまでも学習の門のくぐり方の便宜的な分類であるにすぎず，学習の対象をそのようにはっきり区別することはむずかしいし，また区別することは必ずしも望ましいことではない。
　会話から入るにしても，講読から入るにしても，あるいは文法から入るにしても，作文から入るにしても，学習の対象である中国語がそれらの渾然一体に溶け合ったものである以上，会話だけ，講読だけ，あるいは文法だけ，作文だけというような「つまみぐい」的な学習法は許されないのである。
　わたくしの旧い友人であり大学での同僚でもある本書の著者の李錚強氏は，わたくしのこのような考え方を十分に汲んで，会話と講読からなるテキスト本文にポイントとして初級段階での文法事項の簡にして要を得た復習と新たに学ぶ文法事項の懇切な解説とを加え，さらに会話練習と作文演習を中心とする練習問題を配し，その上に大量のリスニング問題を加えて，わたくしの理想とする中級学習者向けの総合課本に仕上げられた。
　以上の構成と共に特筆しておきたいことは，氏が中国の大学を卒業した後，社会人として豊かな職業経験を積んだうえで来日して教職に就いたという経歴を存分に活かして，テキストの中心をなす課文の選択に十分な目配りがなされていることである。日常生活や仕事の場面でよく使われる平易な会話文から入り，徐々に程度を高めて今日の中国社会の姿や中国人の生活習慣，ものの考え方などに触れた興味深い文章の講読へと導いていく配慮は，大人の知的関心を満足させるものであり，社会人を中心とするクラスや大学の教室において歓迎されるに違いない。
　今般このような形でテキストが完成するまでに李氏は，わたくしの欲ばった注文を受け入れてその試稿を再三書き改めるとともに，講習会や大学の教室において試用を

重ねてこられた。この間，白帝社編集長の佐藤多賀子さんと共立女子大学大学院において中国言語文化を専攻する高部千春さんのおふたりは，試用中の著者の授業を聴講するとともに，わたくしと著者との改訂についての討論に加わって，編集者として，また学習者として数々の貴重な意見を寄せられた。記して謝意を表したい。

2007 年 9 月

上 野 惠 司

改訂に当たって

　本書の初版が出版されて 9 年が経過した。この間，「総合」の名にふさわしい著者の新しい試みが高く評価されて多くの大学や語学学校において中級向けのテキストとして採用されてきた。監修者としてのわたくしの見るところ，初版においてすでに高い完成度を有していたが，著者はなお満足せず自らの使用体験と教授者，学習者からの声を汲んで細部にわたって検討を加えられた。この努力によって本書は一層高い完成度を示し，より教えやすく学びやすいテキストになったものと信じる。

2016 年 11 月

監修者　上 野 惠 司

このテキストの構成について

　この『総合中級中国語教程』は，中国語の初級を一通り終えた学習者向けに編んだ教材です。上野惠司先生の指導のもとに2年余りの時間をかけて完成したものです。この間，日本中国語検定協会の講習会や大学の授業で試用しながら改訂を重ねてきました。

　全10課からなり，各課の構成は，本文・ポイント・「翻译与会话练习」・「听力练习」の4つの部分からなっています。それぞれの部分を作成するにあたり，特に配慮した点は次のとおりです。

　1．本文は前編と後編で異なります。前編の第1課～第5課は日常生活や仕事の上でよく使われる会話の場面を設定し，実用性の高い内容を重視しています。後編の第6課～第10課は最近の新聞報道や雑誌から中国の社会生活に密接に関連する記事を厳選し，難易度や分量などを考慮しながら書き改めました。近年，セメスター制の大学が増え，授業形態が多様化しています。そのため，構成に当たっては，通年，半期，週1コマ，2コマなど，多様な形態の授業に対応できるよう工夫しました。

　2．各課のポイントは初級段階で習得した基本文法と文型に続くものとして取り上げましたが，単にその課に出てきた文法事項を解釈するだけではなく，日本人にとって特に区別しにくい文法事項や表現法を同じ課にまとめ，それを比較しながら説明するよう工夫しました。

　3．「翻译与会话练习」はその課で覚えた文法事項や表現法を活用できるよう工夫してありますので，授業中にこの表現パターンを中心として繰り返し練習していけば，会話や翻訳能力の向上にきっと役立つものと信じます。

　4．本書の特徴の1つは，リスニングの訓練を重視していることです。課ごとに本文の内容を中心として「听力练习」を設けました。この「听力练习」を通して，その課で習った内容を身に付けたかどうかを確認することができるかと思います。

　5．最後に「补充听力练习」を10題用意してあります。それぞれ各課のテーマと一致した内容ですので，各課の学習を終えた後，実力をチェックする問題として活用していただければと思います。

　以上の他，前編には中国の「新時代」を映す新しいフレーズを紹介した「读一读」欄を設けてあります。授業の合間に気分転換のため楽しく覚えていただければ，会話力の向上にもつながることと思います。

　この『総合中級中国語教程』が，文字どおり「听」・「说」・「读」・「写」・「译」という5つの技能を総合的に養う上でお役に立てることができれば幸いです。

2007年9月

李　錚強

目　次

まえがき ……………………………………………………………………… i
このテキストの構成について ……………………………………………… iii

第 1 课　打车 …………………………………………………………………… 7
　　　　　"都"と"也"の使い方
　　　　　＊酷毙了

第 2 课　上网 …………………………………………………………………… 15
　　　　　① "都"と"才"　　　② "就"と"才"
　　　　　③ "再"と"又"　　　④ "还"と"再"
　　　　　＊炒鱿鱼

第 3 课　做客 …………………………………………………………………… 23
　　　　　兼語文
　　　　　① "请"を用いる　　　② "让""使""叫"を用いる
　　　　　③ "有"を用いる　　　④ "命令"などを用いる
　　　　　＊火得厉害

第 4 课　在办公室 ……………………………………………………………… 31
　　　　　反語の表現
　　　　　① "不是…吗"　　　② "哪儿…（啊）"
　　　　　③ "怎么…（呢）"　　④ "什么…（呀）"
　　　　　⑤ "难道…吗"
　　　　　＊你不是开玩笑吧？

第 5 课　球迷 …………………………………………………………………… 39
　　　　　存現文
　　　　　① 動詞が存在を表す"着"を伴う
　　　　　② 動詞が出現を表す"了"や方向補語を伴う
　　　　　③ 動詞が消失を表す"了"や方向補語を伴う
　　　　　＊算了吧

第 6 课　点菜的学问 ·· 45
　　　　　1 疑問詞の連用　　　　2 "拿…来说"
　　　　　3 "先…再…"　　　　　4 "要是…就…"

第 7 课　便利店 ·· 53
　　　　　1 "如"　　　　　　　　2 "不但…而且…"
　　　　　3 "值得…"　　　　　　4 "可见"〔接続詞〕

第 8 课　阴晴冷暖 ·· 61
　　　　　1 "总之…"　　　　　　2 "有时…有时…"
　　　　　3 "反正…"　　　　　　4 "当…时"

第 9 课　颜色的象征意义 ··· 69
　　　　　1 "把（将）…当成（视为／称为／看作／当作／看成）…"
　　　　　2 "在…方面／中／上／下…"
　　　　　3 "给…以…"　　　　　4 "在…看来…"

第10课　中医养生 ·· 77
　　　　　1 "而"〔接続詞〕　　　2 "一方面…（另）一方面…"
　　　　　3 "按照…"　　　　　　4 "以"〔介詞〕

●补充听力练习 ·· 85
●地図 ·· 96

コラム

"张不开口""答不上来"をどう解决するか　14　　メニューからわかる調理法　52
…割引・…倍　　　　　　　　　　　　　　22　　コンビニ・市場　　　　　　　60
贈り物の禁忌（タブー）　　　　　　　　　30　　私の好きなことわざ・格言　　68
パソコン・新技術用語の特徴　　　　　　　38

●挿絵：張　恢
●表紙：トミタ制作室

―― 品詞名表示法 ――――――――――――――――――――――――――――――――――
|名| 名詞 |動| 動詞 |助動| 助動詞（＝能愿动词） |形| 形容詞 |数| 数詞
|量| 量詞（＝助数詞） |数量| 数量詞（数詞＋助数詞） |代| 代詞（名詞・動詞・形容詞・副詞・数詞に代わる語） |副| 副詞 |介| 介詞（＝前置詞） |助| 助詞
|接| 接続詞（＝连词）

第 1 课
Dì yī kè

打 车
DǍ CHĒ

● 語　釈 ●

香格里拉饭店	Xiānggélǐlā Fàndiàn		シャングリラホテル。
原来	yuánlái	副	①もともと，もともとは。②なんだ（…だったのか）。
老外	lǎowài	名	①（特に欧米人を指し，戯れて言う場合の）外国人，外人さん。②素人。
刚	gāng	副	①…したばかりである，…して間もない。②ちょうど，うまいぐあいに。
汉语拼音	Hànyǔ pīnyīn		中国語のローマ字表記，中国語のピンイン。1958年に公布された「漢語拼音方案」に基づいて，子音と母音とを表す26のローマ字によって中国語の発音を表記する。
张口	zhāng‿kǒu	動	口を開ける，物を言う。〈张不开口〉物を言えない。
棒	bàng	形	〈口〉（能力・成績が）すばらしい，優れている，すごい。
堵车	dǔ‿chē	動	車がつかえる，渋滞する。〈堵〉（道路・出入り口などを）ふさぐ，せき止める，遮る。
条	tiáo	量	細長いものを数える。本，筋。
窄	zhǎi	形	狭い。
塞车	sāi‿chē	動	車が渋滞する。〈塞〉（物を詰め込んで）ふさぐ。
绕	rào	動	迂回する，回り道をする。
差不多	chàbuduō	形	（程度・時間・距離などが）たいして違わない，ほとんど同じである。
办法	bànfǎ	名	方法，手段，やり方。〈没〜〉しかたがない。

课文 打车

乘客: 去 香格里拉 饭店。
chéngkè　Qù　Xiānggélǐlā　Fàndiàn.

司机: 好, 您 是 从 哪儿 来 的?
sījī　　Hǎo, nín shì cóng nǎr lái de?

乘客: 我 是 从 日本 来 的。
　　　Wǒ shì cóng Rìběn lái de.

司机: 噢, 原来 是 老外 啊, 你 的 汉语 说得 真 不错。来 中国
　　　Ō, yuánlái shì lǎowài a, nǐ de Hànyǔ shuōde zhēn búcuò. Lái Zhōngguó

多 长 时间 了?
duō cháng shíjiān le?

乘客: 刚 来 半 年。来 中国 前, 我 连 汉语 拼音 都 不 会 念。
　　　Gāng lái bàn nián. Lái Zhōngguó qián, wǒ lián Hànyǔ pīnyīn dōu bú huì niàn.

司机: 那 您 进步得 真 快。我 学 英语 都 好几 年 了, 可 还是
　　　Nà nín jìnbùde zhēn kuài. Wǒ xué Yīngyǔ dōu hǎojǐ nián le, kě háishi

张不开 口。
zhāngbukāi kǒu.

乘客: 我 也 一样。刚 来 的 时候, 无论 人家 问 我 什么 都
　　　Wǒ yě yíyàng. Gāng lái de shíhou, wúlùn rénjia wèn wǒ shénme dōu

答不上来。
dábushànglái.

司机: 现在 您 的 发音 比 我 还 棒 呢。您 来 上海 几 次 了?
　　　Xiànzài nín de fāyīn bǐ wǒ hái bàng ne. Nín lái Shànghǎi jǐ cì le?

Dǎ chē

乘客： 我 第 一 次 来 上海，看 什么 都 觉得 新鲜。哎，怎么 又
Wǒ dì yī cì lái Shànghǎi, kàn shénme dōu juéde xīnxian. Āi, zěnme yòu

堵车 了？
dǔchē le?

司机： 这 条 路 车 多 路 窄，总 塞车。
Zhè tiáo lù chē duō lù zhǎi, zǒng sāichē.

乘客： 那 能 不 能 从 别 的 路 绕过去？
Nà néng bu neng cóng bié de lù ràoguoqu?

司机： 快 到 市 中心 了，走 哪 条 路 都 差不多。
Kuài dào shì zhōngxīn le, zǒu nǎ tiáo lù dōu chàbuduō.

乘客： 现在 车 太 多，真 没 办法！
Xiànzài chē tài duō, zhēn méi bànfǎ!

"都"と"也"の使い方

1 "连"と呼応する ——「…ですら…」

1) 我连上海都没去过。　　　　　　　　Wǒ lián Shànghǎi dōu méi qùguo.

2) 这个旅馆连牙刷也没有。　　　　　　Zhège lǚguǎn lián yáshuā yě méi yǒu.

3) 你连这个字都不认识吗？　　　　　　Nǐ lián zhège zì dōu bú rènshi ma?

2 疑問詞と呼応する ——「いかなる…も例外がない」

1) 这些孩子第一次来中国，看什么都觉得新鲜。　　Zhèxiē háizi dì yī cì lái Zhōngguó, kàn shénme dōu juéde xīnxian.

2) 他提的问题，谁都回答不上来。　　Tā tí de wèntí, shéi dōu huídábushànglái.

3) 我太累了，哪儿也不想去。　　　　Wǒ tài lèi le, nǎr yě bù xiǎng qù.

3 "无论"や"不管"などと呼応する ——「…であろうと…」

1) 无论你怎么说，我都不相信。　　　　Wúlùn nǐ zěnme shuō, wǒ dōu bù xiāngxìn.

2) 不管你们赞成与否*，我也要去。　　Bùguǎn nǐmen zànchéng yǔ fǒu, wǒ yě yào qù.
　　　　　　　　　　　　　　　　　　＊与否：…するかどうか，…であるかどうか。

3) 不管刮风还是下雨，我每天都坚持*跑步。　　Bùguǎn guā fēng háishi xià yǔ, wǒ měi tiān dōu jiānchí pǎobù.
　　　　　　　　　　　　　　　　　　＊坚持：堅持する，かたく守って譲らない。

4 "一点儿"や"一"と呼応する

1) 最近我们忙得一点儿时间都没有。　　Zuìjìn wǒmen mángde yìdiǎnr shíjiān dōu méiyǒu.

2) 我对她家一点儿也不了解。　　　　　Wǒ duì tā jiā yìdiǎnr yě bù liǎojiě.

3) 我一分钱也没带。　　　　　　　　　Wǒ yì fēn qián yě méi dài.

"酷毙了"
"kùbì le"

● 读一读 ●

A：你 看 台上 的 那个 歌手，穿 的 什么 衣服，头发 还 那么
　　Nǐ kàn táishang de nàge gēshǒu, chuān de shénme yīfu, tóufa hái nàme

　　长， 难看 极 了！
　　cháng, nánkàn jí le!

B：嘿，这 你 就 老外 了，现在 最 时髦 的 就 是 这样，叫 "酷毙
　　Hēi, zhè nǐ jiù lǎowài le, xiànzài zuì shímáo de jiù shì zhèyàng, jiào "kùbì

　　了"！
　　le"!

翻译与会话练习

1. （　）内の語句を使って、中国語で表現しなさい。

1　今夜はもう何も食べたくない。(都)

2　きょうの宿題はまったくやっていない。(一点儿)

3　このような問題は子供でも分かる。(连…都…)

4　あしたは雨が降っても降らなくても、わたしは行かなくてはならない。
（不管…，也…）

2. 実際の状況に基づいて、次の問いに中国語で答えなさい。

1　你学了几年汉语了，口语怎么样？

2　你去过中国的哪个城市？

3　你知道中国有哪些方言吗？

4　你能给我做一下自我介绍吗？

听力练习

中国語の質問を聞き，本文の内容に合う最も適当な答えを1つ選びなさい。

CD 4 （1）乘客是从哪儿来的？

① ②

③ ④

CD 5 （2）司机会不会英语？

① ②

③ ④

CD 6 （3）乘客来中国以前汉语水平怎么样？

① ②

③ ④

CD 7 （4）乘出租汽车去香格里拉饭店，一路顺利吗？

① ②

③ ④

- ヒント -

宽 kuān：（道が）広い。

第1課 打车

COLUMN

"张不开口""答不上来"をどう解決するか

　この課の本文に"张不开口"という表現が出てくる。意味は「話すことができない」である。けれども，たいていの辞書にはこのままの形では載っていない。ではどのようにして解決すればよいのだろうか。

　"张"（zhāng）はこの場合は動詞で「（閉じたものを）開く，広げる」という意味で，ここでは「口を開く」こと。「口」が"嘴"（zuǐ）ではなく"口"（kǒu）となっているのは，ものを食べたりかんだりする「口」そのものではなく，話をする口，つまりものを言うという行為を指しているからである。"张嘴"なら口をあーんと開けることだが，"张口"は同じく「口を開ける」であっても，こちらは「ものを言う」という意味になるというわけだ。

　もう一つ大切なことがある。それは中国語の動詞は単独で使われることは意外に少ないということだ。"张"もそうで，このままでは「開く，広げる」とはなりにくく，動作の結果を表す"开"（kāi）を補語として付け加えて"张开"という形にしてはじめて安定した表現になる。というわけで，「口を開ける，ものを言う」という中国語は"张开口"となる。

　さらにもう一つ解決しなければならない問題がある。"张不开口"の"不"（bù—この位置では軽声 bu）。この"不"は動詞（ここでは"张"）とその結果補語（ここでは"开"）との間に置かれ，動作がその結果を導くことができないということを示す。反対に結果を導くことが可能であれば，同じ位置に"得"（de）を用いる。"吃不了"（chībuliǎo—食べきれない）—"吃得了"（chīdeliǎo—食べきれる），"做不完"（zuòbuwán—やり終えられない）—"做得完"（zuòdewán—やり終えることができる）のように使う。

　この課にはもう一つ"答不上来"という可能補語を伴った動詞が出てくる。もう解決の手順はおわかりだろう。

　まず動詞"答"の意味を知らなければならない。次に複合方向補語"上来"の働きを調べる。ここでの"上来"は「上がってくる，登ってくる」という意味から転じて，「（意見や考えを）口に出して言うことができる」という意味で使われている。この"答上来"が不可能であることを示す"不"を伴った形が"答不上来"で，「返答することができない」となるのである。（U）

第 2 课
Dì èr kè

上网
SHÀNGWǍNG

● 語　釈 ●

上网	shàng▲wǎng	動	インターネットに接続する。
半天	bàntiān	数量	①半日。②長い時間，長い間。
实在	shízài	副	本当に，実に，全く。
短信	duǎnxìn	名	短い手紙，ショートメール。
办	bàn	動	（手続き・用事・事件などを）行う，処理する，取り扱う。
会员卡	huìyuánkǎ	名	会員カード，メンバーカード。〈卡〉カード。英語 "card" の音訳語。
打折	dǎ▲zhé	動	割引きする。
互联网	hùliánwǎng	名	インターネット。
只能	zhǐ néng		（ただ…できるだけである⇨）…しかできない，…するほかない，…するのがせいぜいである。
网吧	wǎngbā	名	インターネット用のパソコンを設置してあるバーやカフェ。インターネット・カフェ。〈吧〉バー。英語 "bar" の音訳語。
出差	chū▲chāi	動	出張する。
传真	chuánzhēn	名	ファックス，ファクシミリ。〈发~〉ファックスを送る。
伊妹儿	yīmèir	名	e メール。"电子邮件" の俗な言いかた。英語 "e-mail" の音訳語。
联系	liánxì	動	連絡する。
电子邮件	diànzǐ yóujiàn	名	電子メール，e メール。
聊天儿	liáo▲tiānr	動	おしゃべりをする，だべる。〈在网上~〉チャットする。
笔记本电脑	bǐjìběn diànnǎo	名	ノートパソコン。
暂时	zànshí	名	しばらくの間，一時。
保密	bǎo▲mì	動	秘密にする，機密を守る。

上网

田中 Tiánzhōng: 小王，都六点半了，你怎么才来呀？我等你
Xiǎo Wáng, dōu liù diǎn bàn le, nǐ zěnme cái lái ya? Wǒ děng nǐ
半天了。
bàntiān le.

小王 Xiǎo Wáng: 实在对不起，我今天下午去买电脑了。刚才给你
Shízài duìbuqǐ, wǒ jīntiān xiàwǔ qù mǎi diànnǎo le. Gāngcái gěi nǐ
发的短信，没收到吗？
fā de duǎnxìn, méi shōudào ma?

田中: 哎呀，我的手机没电了。电脑是在哪儿买的？
Āiyā, wǒ de shǒujī méi diàn le. Diànnǎo shì zài nǎr mǎi de?

小王: 就在我们公司对面的华联商场买的。我在
Jiù zài wǒmen gōngsī duìmiàn de Huálián Shāngchǎng mǎi de. Wǒ zài
那里办了会员卡，可以打折。
nàli bànle huìyuánkǎ, kěyǐ dǎzhé.

田中: 你买了电脑，每天就可以在家里上互联网了。
Nǐ mǎile diànnǎo, měi tiān jiù kěyǐ zài jiāli shàng hùliánwǎng le.

小王: 对，以前我晚上只能去网吧上网。今后，我再也
Duì, yǐqián wǒ wǎnshang zhǐ néng qù wǎngbā shàngwǎng. Jīnhòu, wǒ zài yě
不用去那里了。
búyòng qù nàli le.

田中: 太好了！下星期我去大连出差，就不用再给你
Tài hǎo le! Xià xīngqī wǒ qù Dàlián chūchāi, jiù búyòng zài gěi nǐ

Shàngwǎng

　　　　发 传真 了。咱们 用 伊妹儿 联系 吧!
　　　　fā chuánzhēn le. Zánmen yòng yīmèir liánxì ba!

小 王：你 又 要 出差 呀？好，我 一定 给 你 发 电子 邮件。
　　　　Nǐ yòu yào chūchāi ya? Hǎo, wǒ yídìng gěi nǐ fā diànzǐ yóujiàn.

田中：我们 还 可以 在 网上 聊天儿。
　　　　Wǒmen hái kěyǐ zài wǎngshang liáotiānr.

小 王：对，你 把 自己 的 笔记本 电脑 带上，晚上 可以 在
　　　　Duì, nǐ bǎ zìjǐ de bǐjìběn diànnǎo dàishàng, wǎnshang kěyǐ zài

　　　　宾馆 的 房间 里 上网。
　　　　bīnguǎn de fángjiān li shàngwǎng.

田中：那 快 把 你 的 伊妹儿 地址 给 我 吧。
　　　　Nà kuài bǎ nǐ de yīmèir dìzhǐ gěi wǒ ba.

小 王：这 暂时 保密，下 次 见面 再 告诉 你 吧。
　　　　Zhè zànshí bǎomì, xià cì jiànmiàn zài gàosu nǐ ba.

ポイント 2

4組の副詞

1 "都"と"才"

"都"は「すべて，みんな」の意味を表す副詞であるが，「もう，すでに」の意味で使われることもある。この場合，"了"を伴うのがふつうである。

1) 天都黑了，快回去吧。　　　　　　　　Tiān dōu hēi le, kuài huíqù ba.

2) 陈先生都快七十岁了，每天还和年轻人一样工作。　　　Chén xiānsheng dōu kuài qīshí suì le, měi tiān hái hé niánqīngrén yíyàng gōngzuò.

この意味の"都"と対照的なのが"才"で，「まだ，たった」の意味を表す。

3) 高桥来中国才一个月。　　　　　　　　Gāoqiáo lái Zhōngguó cái yí ge yuè.

4) 她学弹钢琴才两年，就得了奖＊。　　　Tā xué tán gāngqín cái liǎng nián, jiù déle jiǎng.
　　　　　　　　　　　　　　　　　　　＊得奖：賞をもらう。

2 "就"と"才"

"就"は時間的に「早い」，空間的に「近い」，数量的に「少ない」という意味を表す。

1) 我吃完饭就去。　　　　　　　　　　　Wǒ chīwán fàn jiù qù.

2) 张老师就住在车站旁边儿。　　　　　　Zhāng lǎoshī jiù zhùzài chēzhàn pángbiānr.

3) 那些孩子们从六岁就开始学英语了。　　Nàxiē háizimen cóng liù suì jiù kāishǐ xué Yīngyǔ le.

"才"は時間的に「遅い」という意味を表す。

4) 我四十岁才开始学习汉语。　　　　　　Wǒ sìshí suì cái kāishǐ xuéxí Hànyǔ.

5) 今天九点才起床。　　　　　　　　　　Jīntiān jiǔ diǎn cái qǐchuáng.

3 "再"と"又"

"再"と"又"はどちらも「また」と訳すことができるが，"再"は未来における動作や行為の繰り返しを表す。

1) 我再给大家讲个故事。　　　　　　　　Wǒ zài gěi dàjiā jiǎng ge gùshi.
　　　　　　　　　　　　　　　　　　　　*讲故事：物語をする。

2) 我高中毕业以后，就再没见到他。　　　Wǒ gāozhōng bìyè yǐhòu, jiù zài méi jiàndào tā.

"又"はすでに行われた動作や行為が繰り返されたことを表すのに用いられる。

3) 我以前学英语，现在又学汉语。　　　　Wǒ yǐqián xué Yīngyǔ, xiànzài yòu xué Hànyǔ.

4) 这孩子又去游戏厅了。　　　　　　　　Zhè háizi yòu qù yóuxìtīng le.
　　　　　　　　　　　　　　　　　　　　*游戏厅：ゲームセンター。

ただし，周期的に起こる事柄の場合，"又"はこれから起こることを表す場合もある。

5) 冬天到了，我们又能去滑雪了。　　　　Dōngtiān dào le, wǒmen yòu néng qù huáxuě le.

4　"还" と "再"

"还"も"再"と同様に，動作や行為が繰り返し行われる場合に用いられるが，"还"が「今もなお続いている」ことを表すのに対し，"再"は今後の継続を表す。

1) 他还在杭州工作。　　　　　　　　　　Tā hái zài Hángzhōu gōngzuò.

2) 你再不下决心的话，就来不及了。　　　Nǐ zài bú xià juéxīn dehuà, jiù láibují le.

"炒 鱿鱼"
"chǎo yóuyú"

● 读一读 ●

妈妈：你 今天 怎么 又 不 上班 了？
māma　Nǐ jīntiān zěnme yòu bú shàngbān le?

儿子：昨天 跟 老板 吵了 一 架，被 他 炒 鱿鱼 了。
érzi　Zuótiān gēn lǎobǎn chǎole yí jià, bèi tā chǎo yóuyú le.

妈妈：啊，你 又 被 炒 了？真 拿 你 没 办法！
māma　Á, nǐ yòu bèi chǎo le? Zhēn ná nǐ méi bànfǎ!

翻译与会话练习

1. （　）内の語句を使って、中国語で表現しなさい。

1　ちょっと待ってください、張さんはすぐ帰ってきますから。（就）

2　先生が3回も話されて、やっとわかった。（才）

3　先生、もう一度説明してください。（再）

4　彼は昨日大阪から帰ってきたばかりなのに、明日また北海道に出張しなければならない。（又）

2. 実際の状況に基づいて、次の問いに中国語で答えなさい。

1　你每天都上网吗？

2　你去过网吧吗？

3　你能用中文写电子邮件吗？

4　你以后打算在网上购物吗？

听力练习

中国語の質問を聞き，本文の内容に合う最も適当な答えを1つ選びなさい。

CD 10 （1）田中是几点见到小王的？

① _____ ② _____
③ _____ ④ _____

CD 11 （2）田中为什么没有收到小王发的短信？

① _____ ② _____
③ _____ ④ _____

CD 12 （3）小王买的电脑为什么可以打折？

① _____ ② _____
③ _____ ④ _____

CD 13 （4）小王说的"暂时保密"是什么意思？

① _____ ② _____
③ _____ ④ _____

─ヒント─

坏了 huài le：こわれた，だめになった。
信用卡 xìnyòngkǎ：クレジット・カード。

第2课 上网 —— 21

COLUMN

…割引・…倍

　中国のデパートやスーパーなどでも，販売戦略として日本と同じように値下げや割引をすることがよくあります。割り引くことを"打折"（dǎzhé）といいますが，中国の"打折"の使い方は日本とは異なりますので，注意が必要です。

　中国語では"打折"の2文字の間に数字を入れて，割引率を表します。例えば店頭に"打八折"或いは"八折"と書かれているのをよく目にします。これは「八割引」ということではなく，八割に値引きすること，すなわち日本語の「二割引」のことです。従って，日本語でいう「三割引」は中国語では"打七折"と表します。

　"…倍"（bèi）という表現にも日本人は戸惑うのではないでしょうか。中国語で"増加両倍"（zēngjiā liǎng bèi）といった場合に，これが「二倍」ではなく「三倍」の意味だと直ちに理解することはなかなか難しいでしょう。文法的には"増加"という動詞の直接の目的語が"両倍"なので，二倍分を増加したことになります。即ち「元の数プラスその元の数の倍数」ということになります。もし「二倍」と言いたければ"増加一倍"（1倍増えた）とするか，"増加到両倍"（2倍に増えた）としなければなりません。

　以上のような日本語とは異なる表現も，その発想の違いを理解するなど，ひと工夫加えることにより，"事半功倍"（shì bàn gōng bèi──少ない労力で大きな効果を挙げる）ことになるでしょう。（L）

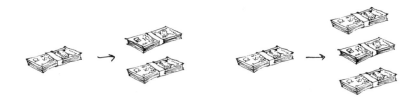

第 3 课　做客

Dì sān kè　ZUÒKÈ

● 語　釈 ●

做客	zuò▴kè	動	客になる，客として人の家を訪問する。
过生日	guò shēngrì		誕生日を祝う。
转告	zhuǎngào	動	伝言する。
打扰	dǎrǎo	動	①じゃまをする，迷惑をかける。②〈挨拶〉（人の家を訪問する場合などの）おじゃまする。＝ "打搅" dǎjiǎo
拘束	jūshù	形	ぎこちない，堅苦しくかしこまる。
算	suàn	動	…と見なす，…とする。
礼物	lǐwù	名	贈り物，プレゼント。
破费	pòfèi	動	①（お金や時間を）かける，費やす。②〈挨拶〉散財する。人が自分のために金を使ったことに感謝して言う。
心意	xīnyì	名	（人に対する）気持ち，真心，厚意。
好不容易	hǎobù róngyì		やっとのことで，どうにかこうにか。＝ "好容易"
聚	jù	動	集まる，集合する。
茶楼	chálóu	名	（2階建ての）茶屋，茶館。
约	yuē	動	（人を）誘う，招く，会う約束をする。
待	dāi	動	とどまる，滞在する。＝ "呆" dāi
款待	kuǎndài	動	（客を）手厚くもてなす，歓待する。

课 文

做客

小赵: 这个 星期六 是 我 的 生日，我 想 请 你 来 我 家 玩儿。
Xiǎo Zhào　　Zhège xīngqīliù shì wǒ de shēngrì, wǒ xiǎng qǐng nǐ lái wǒ jiā wánr.

高桥: 你 过 生日 啊，那 我 一定 去。
Gāoqiáo　　Nǐ guò shēngrì a, nà wǒ yídìng qù.

小赵: 那 太 好 了。对 了，你 告诉 田中，要是 有 时间 的话，
Nà tài hǎo le. Duì le, nǐ gàosu Tiánzhōng, yàoshi yǒu shíjiān dehuà,

叫 他 也 一块儿 来 吧。
jiào tā yě yíkuàir lái ba.

高桥: 好，我 一定 转告。
Hǎo, wǒ yídìng zhuǎngào.

　　　　　　＊　　＊　　＊

高桥: 来 打扰 你 了。
Lái dǎrǎo nǐ le.

小赵: 哪里，哪里！请 随便 坐，不要 拘束。
Nǎli, nǎli! Qǐng suíbiàn zuò, búyào jūshù.

高桥: 田中 今天 有 事，不 能 来 了。这 是 一 瓶 日本
Tiánzhōng jīntiān yǒu shì, bù néng lái le. Zhè shì yì píng Rìběn

清酒，算 是 送给 你 的 生日 礼物 吧。
qīngjiǔ, suàn shì sònggěi nǐ de shēngrì lǐwù ba.

小赵: 让 你 破费 了，真 不 好意思。
Ràng nǐ pòfèi le, zhēn bù hǎoyìsi.

高桥： 这只是我的一点儿心意。
Zhè zhǐ shì wǒ de yìdiǎnr xīnyì.

* * *

高桥： 六点了，我还有点儿事，
Liù diǎn le, wǒ hái yǒu diǎnr shì,

该走了。
gāi zǒu le.

小赵： 咱们好不容易聚到一块儿聊聊天儿，多待一会儿
Zánmen hǎobù róngyì jùdào yíkuàir liáoliaotiānr, duō dāi yíhuìr

吧。
ba.

高桥： 今天晚上我在丰茗茶楼约了一位朋友见面，去晚
Jīntiān wǎnshang wǒ zài Fēngmíng Chálóu yuēle yí wèi péngyou jiànmiàn, qùwǎn

了不好。
le bù hǎo.

小赵： 是吗？那我开车送你去吧。
Shì ma? Nà wǒ kāichē sòng nǐ qù ba.

高桥： 不用了，坐地铁去很方便。谢谢你今天的款待。
Búyòng le, zuò dìtiě qù hěn fāngbiàn. Xièxie nǐ jīntiān de kuǎndài.

ポイント 3

兼語文：述語が2つの動詞句から構成され、前の動詞の目的語が同時に後の動詞の主語を兼ねている語を「兼語」といい，このような構造をもつ文のことを「兼語文」という。

1 "请" を用いる —— 「…〔人〕に〜してもらう，〜していただく」という依頼の意味を表す。

1) 他请我吃饭。　　　　　　　　　　　　　Tā qǐng wǒ chī fàn.

2) 我请田中到我家来玩儿。　　　　　　　　Wǒ qǐng Tiánzhōng dào wǒ jiā lái wánr.

2 "让" "使" "叫" を用いる —— 主語の後に使役動詞を置き，その後に「使役の対象者」と「使役の対象者にさせる行為」を表す語を並べる。

1) 让你久等了。　　　　　　　　　　　　　Ràng nǐ jiǔ děng le.

2) 这部小说使我很感动*。　　　　　　　　Zhè bù xiǎoshuō shǐ wǒ hěn gǎndòng.
　　　　　　　　　　　　　　　　　　　　*感动：感動する。

3) 妈妈叫我去买东西。　　　　　　　　　　Māma jiào wǒ qù mǎi dōngxi.

3 "有" を用いる —— この種の文は主語がなく，動詞 "有" で始まり， "有" の目的語が同時に動詞の主語となっている。

1) 早上有人给你打电话了。　　　　　　　　Zǎoshang yǒu rén gěi nǐ dǎ diànhuà le.

2) 刚才有几个学生来找*你。　　　　　　　Gāngcái yǒu jǐ ge xuésheng lái zhǎo nǐ.
　　　　　　　　　　　　　　　　　　　　*找：会う，探す。

4 "命令" などを用いる —— 「〔人に〕命令して〜させる」

1) 上级命令他们今天下午必须到达那里。　　Shàngjí mìnglìng tāmen jīntiān xiàwǔ bìxū dàodá nàli.

2) 部长派*他去调查。　　　　　　　　　　 Bùzhǎng pài tā qù diàochá.
　　　　　　　　　　　　　　　　　　　　*派：派遣する，割りふる。

3) 老师要求我们背*课文。　　　　　　　　 Lǎoshī yāoqiú wǒmen bèi kèwén.
　　　　　　　　　　　　　　　　　　　　*背：暗唱する。

4) 姐姐劝*我去学瑜伽*。   Jiějie quàn wǒ qù xué Yújiā.
　　　　　　　　　　　　　＊劝：（人に…するように）すすめる。
　　　　　　　　　　　　　＊瑜伽：ヨガ。

"火得 厉害"
"huǒde lìhai"

● 读一读 ●

朋友： 你 的 店 刚 开张， 听说 火得 厉害！
péngyou Nǐ de diàn gāng kāizhāng, tīngshuō huǒde lìhai!

老板： 火 什么 呀， 来 看 热闹 的 多， 买 东西 的 少。
lǎobǎn Huǒ shénme ya, lái kàn rènao de duō, mǎi dōngxi de shǎo.

翻译与会话练习

1. 次の文を完成しなさい。

1　A：我明天九点来找你，咱们一起走吧。

　　B：那好，_____。

2　A：这个周末我想请你来我家玩儿。

　　B：那太好啦，_____。

3　A：时间不早了，我该走了。

　　B：忙什么，_____。

4　A：今天下课以后，你想做什么？

　　B：_____。

2. 次の問いに答えなさい。

1　如果你想请朋友去你家做客，怎么说？

2　向别人祝贺生日时，怎么说？

3　你给朋友送礼物时，怎么说？

4　有人请你吃晚饭，你因为打工去不了，怎么说？

听力练习

中国語の質問を聞き，本文の内容に合う最も適当な答えを1つ選びなさい。

CD16 （1）小赵哪天过生日？

① _____ ② _____

③ _____ ④ _____

CD17 （2）高桥转告田中什么？

① _____ ② _____

③ _____ ④ _____

CD18 （3）高桥给小赵带来了什么礼物？

① _____ ② _____

③ _____ ④ _____

CD19 （4）高桥打算怎么去茶楼？

① _____ ② _____

③ _____ ④ _____

COLUMN

贈り物の禁忌（タブー）

"礼尚往来"（lǐ shàng wǎng lái――礼は往来を尚ぶ）というように，中国ではお互いに礼儀をもって接することがきわめて重要なことです。

中国では贈り物に"忌讳"（jìhuì――タブー）というものがあるので，注意が必要です。例えば，掛け時計や置き時計をプレゼントすることは"送钟"（sòng zhōng）と言って，"送终"（sòng zhōng――親の死に水を取る）と同音（"谐音"xiéyīn）になるため，たいへん縁起が悪いのです。特に病人やお年寄りへのプレゼントとしては絶対禁物です。同様に，"梨"（lí――ナシ）は"离"（別れる）と，"伞"（sǎn――かさ）は"散"（離散する）と，"鞋"（xié――くつ）は"邪"（怪しい，よこしまである）と同音で，それぞれ意味が通じるため，やはり「縁起でもない」ということになります。

また，日本では奇数が好まれるが，中国では偶数が好まれます。結婚の御祝儀なども，日本では「二つに割れない」という縁起を担いで奇数が好まれるのに対し，中国では偶数の金額を送ります。"成双成对"（chéng shuāng chéng duì――対になる），つまり結ばれて夫婦になることを祝うことになるからです。（L）

第 4 课　在 办公室

Dì sì kè　　ZÀI BÀNGŌNGSHÌ

● 語　釈 ●

装	zhuāng	動	インストールする，取り付ける，据え付ける。
软件	ruǎnjiàn	名	ソフトウェア。
总务处	zǒngwùchù	名	総務部。
专业	zhuānyè	名	専攻学科，専門の業務・業種。
词汇	cíhuì	名	語彙。
安装	ānzhuāng	動	インストールする，据え付ける，設置する。
麻烦	máfan	動	面倒をかける，手数をかける。
举手之劳	jǔ shǒu zhī láo	〈成〉	わずかな骨折り。"举手"手を挙げる。
帮忙	bāng▲máng	動	手伝う，助ける。
怎么办	zěnme bàn		どうするか，どうしよう。
下工夫	xià gōngfu		時間と労力をかける，努力を傾ける，打ち込む。="下功夫"
看来	kànlái	動	思うに，見たところ，…かもしれない。
加倍	jiābèi	副	なおいっそう，一段と。
包	bāo	動	請け負う，引き受ける。
身上	shēnshang	名	身(に)，体(に)，身のまわり。

课文 — 在 办公室

小张：加藤，你的电脑不是要装中文软件吗？听说总务处已经给咱们买来了。
Xiǎo Zhāng: Jiāténg, nǐ de diànnǎo bú shì yào zhuāng Zhōngwén ruǎnjiàn ma? Tīngshuō zǒngwùchù yǐjīng gěi zánmen mǎilái le.

加藤：我知道。不过，这中文软件的说明书里专业词汇那么多，我哪看得懂啊？
Jiāténg: Wǒ zhīdao. Búguò, zhè Zhōngwén ruǎnjiàn de shuōmíngshū li zhuānyè cíhuì nàme duō, wǒ nǎ kàndedǒng a?

小张：是吗？那我来给你安装吧。
Xiǎo Zhāng: Shì ma? Nà wǒ lái gěi nǐ ānzhuāng ba.

加藤：这种事儿怎么能麻烦你呢！
Jiāténg: Zhè zhǒng shìr zěnme néng máfan nǐ ne!

小张：别这么说，这种事对我来说是举手之劳。
Xiǎo Zhāng: Bié zhème shuō, zhè zhǒng shì duì wǒ lái shuō shì jǔ shǒu zhī láo.

加藤：那就麻烦你了。
Jiāténg: Nà jiù máfan nǐ le.

*　　*　　*

小张：加藤，中文软件装上了，你来试试吧。
Xiǎo Zhāng: Jiāténg, Zhōngwén ruǎnjiàn zhuāngshàng le, nǐ lái shìshi ba.

加藤：太感谢了！如果没有你帮忙，我真不知道该怎么办。
Jiāténg: Tài gǎnxiè le! Rúguǒ méiyǒu nǐ bāngmáng, wǒ zhēn bù zhīdào gāi zěnme bàn.

Zài bàngōngshì

小 张：谢 什么！你 不用 客气。
　　　Xiè shénme! Nǐ búyòng kèqi.

加藤：不 是 客气，这 电脑 方面 的 新词 太 多，对 我 实在
　　　Bú shì kèqi, zhè diànnǎo fāngmiàn de xīncí tài duō, duì wǒ shízài

　　　太 难 了。
　　　tài nán le.

小 张：有 什么 难 的，下 工夫 就 不 难。
　　　Yǒu shénme nán de, xià gōngfu jiù bù nán.

加藤：看来 我 还 得 加倍 努力 呀。不过，以后 有 问题 还 得
　　　kànlái wǒ hái děi jiābèi nǔlì ya. Búguò, yǐhòu yǒu wèntí hái děi

　　　麻烦 你。
　　　máfan nǐ.

小 张：包在 我 身上 了。
　　　Bāozài wǒ shēnshang le.

反語の表現

1 "不是…吗" ——「…ではないか」

1) 我不是来了吗？　　　　　　　　　　Wǒ bú shì lái le ma?

2) 昨天她不是还好好儿的吗，怎么今天住院了！　　Zuótiān tā bú shì hái hǎohāor de ma, zěnme jīntiān zhùyuàn le!

2 "哪儿…（啊）"

"哪儿"や"哪里"を動詞や形容詞の前に用いると，場所の意味ではなく，否定の語気を表す。

1) 我哪里会画画儿呀！　　　　　　　　Wǒ nǎli huì huà huàr ya!

2) 只是一般的感冒，哪儿有那么严重啊！　Zhǐ shì yìbān de gǎnmào, nǎr yǒu nàme yánzhòng a!

3 "怎么…（呢）"

"怎么"は「なぜ，どうして」という意味ではなく，反語の語気を表す。

1) 这种事怎么能麻烦你呢！　　　　　　Zhè zhǒng shì zěnme néng máfan nǐ ne!

2) 你怎么能答应他呢！　　　　　　　　Nǐ zěnme néng dāying tā ne!

4 "什么…（呀）"

"什么"は非難・詰問の語気を表す。「なにを，なんでまた…」

1) 咱们是老朋友了，谢什么呀！　　　　Zánmen shì lǎo péngyou le, xiè shénme ya!

2) 你急什么，明天再说吧。　　　　　　Nǐ jí shénme, míngtiān zài shuō ba.

5 "难道…吗" ——「まさか…ではあるまい」

1) 难道你真的要跟他结婚吗？　　　　Nándào nǐ zhēnde yào gēn tā jiéhūn ma?

2) 我们做了如此充分的准备，难道会输给他们吗？　　　　Wǒmen zuòle rúcǐ chōngfèn de zhǔnbèi, nándào huì shūgěi tāmen ma?
　　　＊输给：(…に) 負ける，敗れる。

"你不是开玩笑吧?"
"Nǐ bú shì kāi wánxiào ba?"

●读一读●

A：等　大学　毕业，咱们　就　一起　去　周游　世界！
　　Děng　dàxué　bìyè, zánmen　jiù　yìqǐ　qù　zhōuyóu　shìjiè!

B：你　不　是　开　玩笑　吧？
　　Nǐ　bú　shì　kāi　wánxiào　ba?

翻译与会话练习

1. 次の文を反語表現に改めなさい。

1 不用客气。

2 我不会迟到。

3 没有你的帮助，就没有我的今天。

4 都是朋友，不用谢了。

2. （　　）内の語句を使って，中国語で表現しなさい。

1 君は中国の書道に興味があるんじゃなかったの？（不是…吗）

2 君はまさかぼくを知らないということはなかろう。（难道…吗）

3 彼に暇なんかあるものか。（哪里…啊）

4 彼女は来ないわけにはいかないだろう。（怎么…呢）

5 彼女が作った料理がおいしいものですか。（什么…呀）

听力练习

中国語の質問を聞き，本文の内容に合う最も適当な答えを1つ選びなさい。

CD22 （1）中文软件是谁买的？

① _____　　② _____

③ _____　　④ _____

CD23 （2）加藤能不能看懂中文软件的说明书？

① _____　　② _____

③ _____　　④ _____

CD24 （3）"包在我身上了"是什么意思？

① _____　　② _____

③ _____　　④ _____

ヒント

交给 jiāogěi：(…に) 渡す，手渡す。

COLUMN

パソコン・新技術用語の特徴

　コンピューターの普及にともないIT技術の関連用語が次々と登場しますが，特に新しいコンピューター用語において，中国語では，既に存在する語彙を応用して新しい意味を持たせて対応する傾向が見られます。"文件"(wénjiàn)はもともと「公文書」とか「書簡」のことですが，パソコンの記憶装置としての「ファイル」という意味で使われています。"病毒"(bìngdú)は顕微鏡でしか見ることのできない微生物のウィルスのことですが，「コンピュータ・ウィルス」を指して使われるようにもなりました。"聊天儿"(liáotiānr)は「雑談する」からネット上の「チャットをする」，"防火墙"(fánghuǒqiáng)は「防火壁」からネットワークへの侵入を防ぐ「ファイア・ウォール」を指す用語にといった具合です。

　また，一般語彙に新たな意味を持たせる現象が新技術や新製品の名称にも見られます。「マルチメディア」は"多媒体"(duōméitǐ)，広告用語の「メディア・ミックス」は"媒体组合"(méitǐ zǔhé)，「アニメーション」は"动漫"(dòngmàn)，「コスプレ族」は"动漫迷"(dòngmànmí)と呼びます。また，「オタク」は"电玩迷"(diànwánmí)，"电玩"はテレビゲームを中心とする電子系の遊びの総称で，"迷"は「夢中になる」ことです。

　このような既成の語彙に新しい概念を与える現象は，科学技術の進歩およびマスコミの普及によって広がってきました。例えば，それまで業界でしか使われていなかった専門用語が，新しい意味を与えられて次第に一般の人々の間で使われるようになりました。撮影用語としての"曝光"(bàoguāng)は本来，フィルム・感光紙を感光させるという意味でしか使われなかったのが，今ではプライバシーや隠し事をばらすという意味でも使われています。"聚焦"(jùjiāo)は本来物理学用語で「光などを使って焦点を結ぶ」ということに用いましたが，今では一般的に視線や注意力を一点に集中させるという意味で使われるようになっています。(L)

第 5 课
Dì wǔ kè

球迷
QIÚMÍ

● 語　釈 ●

球迷	qiúmí	名	球技のファン，球技好き。
看台	kàntái	名	観覧席，観客席，スタンド。
彩旗	cǎiqí	名	色とりどりの旗，五色の旗。
联赛	liánsài	名	リーグ戦。
决赛	juésài	名	決勝戦。
主场	zhǔchǎng	名	ホームグラウンド。
呐喊助威	nàhǎn zhùwēi	〈成〉	声を張り上げて応援する。戦っている味方の人間に声援を送る。〈呐喊〉ときの声を上げる，喚声を上げる。〈助威〉応援する，声援を送る。
赢	yíng	動	（勝負に）勝つ，儲ける。
冠军	guànjūn	名	（競技やコンクールなどの）優勝，第1位，チャンピオン。〈得 dé ～〉優勝する。
频道	píndào	名	（テレビの）チャンネル。
转播	zhuǎnbō	動	中継放送する。〈实况～〉実況中継する。
看你	kàn ni		（相手が気付かないことを責めて）なんだって，なんだおまえ。
带球	dài▲qiú	動	ドリブルする。
队员	duìyuán	名	隊員，チーム・メンバー。
射门	shè▲mén	動	（ボールをゴールに）シュートする。
领先	lǐng▲xiān	動	先頭を切る，先に立つ；（球技で）優位を保つ，リードする。
沸腾	fèiténg	動	沸騰する，沸き立つ。
了不得	liǎobude	形	たいしたものである，並外れている，ものすごい
果然	guǒrán	副	やはり，案の定，思っていたとおり。
名不虚传	míng bù xū chuán	〈成〉	（名声はいい加減に伝えられたものではない⇨）その名に恥じない，評判どおりである。

课文 球迷

吉田: 今天球场里人都坐满了,看台上还挂着那么多彩旗,太热闹了!

Jīntiān qiúchǎng li rén dōu zuòmǎn le, kàntái shang hái guàzhe nàme duō cǎiqí, tài rènao le!

司马: 对呀,今天是中国甲A联赛的决赛,大连队又是主场,球迷们得为他们呐喊助威呀!

Duì ya, jīntiān shì Zhōngguó Jiǎ A liánsài de juésài, Dàlián duì yòu shì zhǔchǎng, qiúmímen děi wèi tāmen nàhǎn zhùwēi ya!

吉田: 这么说,要是今天大连队赢了对方的话,就能得冠军啦?

Zhème shuō, yàoshi jīntiān Dàlián duì yíngle duìfāng dehuà, jiù néng dé guànjūn la?

司马: 对呀,听说今天中央电视台体育频道还要进行实况转播呢。

Duì ya, tīngshuō jīntiān Zhōngyāng Diànshìtái tǐyù píndào hái yào jìnxíng shíkuàng zhuǎnbō ne.

吉田: 对了,今天跟大连队比赛的是哪个队呀?

Duì le, jīntiān gēn Dàlián duì bǐsài de shì nǎge duì ya?

司马: 看你,今天的决赛是大连队对山东队。

Kàn ni, jīntiān de juésài shì Dàlián duì duì Shāndōng duì.

吉田: 真不好意思,我其实不懂足球,就是喜欢看热闹。

Zhēn bù hǎoyìsi, wǒ qíshí bù dǒng zúqiú, jiù shì xǐhuan kàn rènao.

Qiúmí

司马：哎，比赛 开始 了。现在 带球 的 那个 5 号 队员 是 大连
　　　Āi, bǐsài kāishǐ le. Xiànzài dàiqiú de nàge wǔ hào duìyuán shì Dàlián

　　　队 的 主力。快 看，他 要 射门 了。噢！进 啦！
　　　duì de zhǔlì. Kuài kàn, tā yào shèmén le. Ō! Jìn la!

吉田：太 棒 了！大连 队 1 比 0 领先。
　　　Tài bàng le! Dàlián duì yī bǐ líng lǐngxiān.

司马：你 看，对面 的 看台 上 都 快 沸腾 了。
　　　Nǐ kàn, duìmiàn de kàntái shang dōu kuài fèiténg le.

吉田：我 以前 就 听说 大连 的 球迷 了不得。今天 一 看，果然
　　　Wǒ yǐqián jiù tīngshuō Dàlián de qiúmí liǎobude. Jīntiān yí kàn, guǒrán

　　　名 不 虚 传。
　　　míng bù xū chuán.

存現文：ある事物が存在，出現したり，消失したりすることを表す文を存現文という。

1 動詞が存在を表す"着"を伴う

1）看台上挂着彩旗。　　　　　　　　　Kàntái shang guàzhe cǎiqí.

2）冰箱里放着两瓶啤酒。　　　　　　　Bīngxiāng li fàngzhe liǎng píng píjiǔ.

2 動詞が出現を表す"了"や方向補語を伴う

1）今天发生了六级地震。　　　　　　　Jīntiān fāshēngle liù jí dìzhèn.

2）前面开过来一辆奥迪*汽车。　　　　　Qiánmiàn kāiguolai yí liàng Àodí qìchē.
　　　　　　　　　　　　　　　　　　*奥迪：アウディ

3 動詞が消失を表す"了"や方向補語を伴う

1）我们公司今年辞退了30名工人。　　　Wǒmen gōngsī jīnnián cítuìle sānshí míng gōngrén.

2）树上掉下来一个苹果。　　　　　　　Shùshang diàoxialai yí ge píngguǒ.

CD 26

"算了 吧"
"suànle ba"

●读一读●

A：哎，明天 的 比赛 你 到底 还 想 不 想 看？
　　Āi, míngtiān de bǐsài nǐ dàodǐ hái xiǎng bu xiǎng kàn?

B：看 是 想 看，可 哪 有 时间 呀！我 看 就 算了 吧。
　　Kàn shì xiǎng kàn, kě nǎ yǒu shíjiān ya! Wǒ kàn jiù suànle ba.

翻译与会话练习

1. 次の文を中国語に訳しなさい。

1　彼らはグラウンドで野球をしている。

2　机の上に中国語の本が２冊置いてある。

3　スタンドはサッカーファンでいっぱいである。

4　映画館からたくさんの映画ファンが出てきた。

2. 次の問いに答えなさい。

1　你喜欢看足球吗？为什么？

2　你喜欢什么运动？

3　你是棒球迷吗？你喜欢日本的哪个棒球队？

4　你知道哪些球类运动？

听力练习

中国語の質問を聞き，本文の内容に合う最も適当な答えを1つ選びなさい。

CD27　（1）今天是什么比赛？

① _____　　② _____

③ _____　　④ _____

CD28　（2）今天球场里看球的人多不多？

① _____　　② _____

③ _____　　④ _____

CD29　（3）射门的队员是谁？

① _____　　② _____

③ _____　　④ _____

・ヒント・

篮球 lánqiú：バスケットボール。

半决赛 bàn juésài：準決勝戦。

第6课　点菜的学问
Dì liù kè

DIǍN CÀI DE XUÉWEN

● 語　釈 ●

点菜	diǎn cài		（メニューの中から）料理を選ぶ，料理を注文する。
学问	xuéwen	名	①学問。②知識，学識。③奥深さ，難しさ。
小康	xiǎokāng	形	（暮らし向きが）まずまずである，中流程度である。
假日	jiàrì	名	休日，休み。
碰上	pèngshàng	動	（人や運・機会に）出会う，巡り合う。
娶	qǔ	動	（嫁を）もらう，めとる。
摆宴席	bǎi yànxí		宴会を開く。
大有人在	dà yǒu rén zài		そのような人はたくさんいる。
认为	rènwéi	動	…と考える，…理解する。
肯定	kěndìng	副	きっと，間違いなく，必ず。
应时	yìngshí	形	時節に合った，旬の。
根据	gēnjù	介	…によれば，…に基づいて
常年	chángnián	名	年中，いつも。
重视	zhòngshì	動	重視する，重んじる。
次序	cìxù	名	順序，順番。
讲究	jiǎngjiu	動	重んじる，重視する。
凉菜	liángcài	名	（なますなどの）冷たい料理，前菜。
口味	kǒuwèi	名	味の好み，嗜好。
素淡	sùdàn	形	（料理が）あっさりしている，淡白である。
菜肴	càiyáo	名	（多く魚や肉を用いた）おかず，料理。

课文 点菜的学问

住在 城市 里 的 中国人 过上 小康 生活 以后，假日
Zhùzài chéngshì li de Zhōngguórén guòshàng xiǎokāng shēnghuó yǐhòu, jiàrì

旅游、进 饭馆儿 吃 饭 已经 不 新鲜 了，碰上 婚、丧、嫁、娶、
lǚyóu, jìn fànguǎnr chī fàn yǐjīng bù xīnxian le, pèngshàng hūn, sāng, jià, qǔ,

过 生日 什么的，在 饭店 大 摆 宴席 的 也 大 有 人 在。
guò shēngrì shénmede, zài fàndiàn dà bǎi yànxí de yě dà yǒu rén zài.

这些 进 饭馆儿 吃 饭 的 人 都 会 点 菜 吗? 您 可能 会
Zhèxiē jìn fànguǎnr chī fàn de rén dōu huì diǎn cài ma? Nín kěnéng huì

认为 点 菜 谁 还 不 会 呀? 认识 汉字，口袋 里 有 钱，哪个
rènwéi diǎn cài shéi hái bú huì ya? Rènshi Hànzì, kǒudai li yǒu qián, nǎge

菜 贵 就 点 哪个，肯定 好吃。
cài guì jiù diǎn nǎge, kěndìng hǎochī.

其实 在 什么 季节，要 去 哪 家 饭馆儿，应该 点 什么 菜，
Qíshí zài shénme jìjié, yào qù nǎ jiā fànguǎnr, yīnggāi diǎn shénme cài,

那 是 有 学问 的。
nà shì yǒu xuéwen de.

就 拿 季节 来 说 吧，春天 有 春天 的 菜，夏天 有 夏天
Jiù ná jìjié lái shuō ba, chūntiān yǒu chūntiān de cài, xiàtiān yǒu xiàtiān

的 菜，一 年 四季 应时 的 菜 都 不 一样。点 菜 时 就 应该
de cài, yì nián sìjì yìngshí de cài dōu bù yíyàng. Diǎn cài shí jiù yīnggāi

根据 季节 的 不同，先 点 应时 的 菜，再 点 常年 的 菜。点
gēnjù jìjié de bùtóng, xiān diǎn yìngshí de cài, zài diǎn chángnián de cài. Diǎn

Diǎncài de xuéwen

菜时还要重视次序,讲究先点凉菜后点热菜。点菜还要考虑到吃饭人的口味,要是点给老人和孩子,就应该点一些甜、软的食物,给妇女就应该点一些素淡的菜肴。

怎么样,您要是对点菜的学问有兴趣的话,就多吃几家饭馆儿,自己多点几次菜吧。

ポイント 6

1 疑問詞の連用

一つの文の中に同じ疑問詞が前後相応じて使われ,「任意のすべて」を指し示すという表現法がある。

1) 哪个便宜，我就买哪个。　　　　　　　Nǎge piányi, wǒ jiù mǎi nǎge.

2) 你能喝多少，就喝多少。　　　　　　　Nǐ néng hē duōshao, jiù hē duōshao.

3) 什么时候做完作业，什么时候睡觉。　　Shénme shíhou zuòwán zuòyè, shénme shíhou shuìjiào.

2 "拿…来说"

["拿" + 名詞 + "来(去)" + 動詞] の形で説明を加えるための具体例や考察の基準を提起する。

1) 拿去年来说，粮食增产了一成多。　　　Ná qùnián lái shuō, liángshi zēngchǎnle yì chéng duō.

2) 你不能拿老眼光来观测新的事物。　　　Nǐ bù néng ná lǎo yǎnguāng lái guāncè xīn de shìwù.

3 "先…再…" ──「まず…して，それから／そのうえで…」（連続関係）

この場合の"再"は「ふたたび，もう一度，また」の意味ではない。"再"の代わりに"然后"が使われることもある。

1) 先点应时的菜，再点常年的菜。　　　　Xiān diǎn yìngshí de cài, zài diǎn chángnián de cài.

2) 先学好汉语，再学中医。　　　　　　　Xiān xuéhǎo Hànyǔ, zài xué zhōngyī.

4 "要是…就…" ──「もし…ならば」（仮定関係）

"要是"の代わりに"如果"，"假如"，"若是"などもよく使われる。

1) 要是便宜，我就多买一些。　　　　　　Yàoshi piányi, wǒ jiù duō mǎi yìxiē.

2) 要是给老人和孩子点菜，就应该点一些甜、软的食物。　　Yàoshi gěi lǎorén hé háizi diǎn cài, jiù yīnggāi diǎn yìxiē tián、ruǎn de shíwù.

3) 如果你不能来，就早点儿打个电话。　　Rúguǒ nǐ bù néng lái, jiù zǎodiǎnr dǎ ge diànhuà.

4) 假如这次考试不及格，毕业会有问题。　　Jiǎrú zhè cì kǎoshì bù jígé, bìyè huì yǒu wèntí.

翻译与会话练习

1. （　）内の語句を使って，中国語で表現しなさい。

　1　君は食べたいものを，何でも食べなさい。（…什么…什么）

　2　君の行きたい所なら，ぼくも行きたい。（…哪儿…哪儿）

　3　まずご飯を炊いてから，料理を作りましょう。（先…再…）

　4　もし来週時間があったら，ぼくは中国へ旅行したい。（要是…就…）

2. 次の問いに答えなさい。

　1　请说出你喜欢吃的中国菜的名称。

　2　中国的*川菜和*粤菜有什么不同？　　　＊川菜 Chuāncài：四川料理。＊粤菜 Yuècài：広東料理。

　3　给老人*做寿时，你应该带什么礼物呢？　　＊做寿 zuòshòu：（老人の）誕生祝いをする。

　4　你知道哪些水果的名字？

听力练习

中国語の質問を聞き，本文の内容に合う最も適当な答えを1つ選びなさい。

CD 31　(1) 有些中国人在婚、丧、嫁、娶、过生日的时候，要干什么？

　　　　①＿＿＿＿＿＿＿＿＿＿＿＿＿＿＿　②＿＿＿＿＿＿＿＿＿＿＿＿＿＿＿

　　　　③＿＿＿＿＿＿＿＿＿＿＿＿＿＿＿　④＿＿＿＿＿＿＿＿＿＿＿＿＿＿＿

CD 32　(2) 正确的点菜次序应该是：

　　　　①＿＿＿＿＿＿＿＿＿＿＿＿＿＿＿　②＿＿＿＿＿＿＿＿＿＿＿＿＿＿＿

　　　　③＿＿＿＿＿＿＿＿＿＿＿＿＿＿＿　④＿＿＿＿＿＿＿＿＿＿＿＿＿＿＿

CD 33　(3) 给老人和孩子点菜时，应该点一些什么样的菜肴？

　　　　①＿＿＿＿＿＿＿＿＿＿＿＿＿＿＿　②＿＿＿＿＿＿＿＿＿＿＿＿＿＿＿

　　　　③＿＿＿＿＿＿＿＿＿＿＿＿＿＿＿　④＿＿＿＿＿＿＿＿＿＿＿＿＿＿＿

ヒント

可口 kěkǒu：口に合う。

COLUMN

メニューからわかる調理法

　中国旅行中に「やきめし」が食べたくなってレストランで「焼飯」と紙に書いて見せたけれども通じなかったとこぼしていた人がいる。通じないはず。"烧饭"（shāo fàn）は「ごはんを炊く」としかならないからだ。

　やきめしが食べたいのなら"炒饭"（chǎofàn）と言わなければならない。日本語のチャーハンは，この"炒饭"がなまったもの。"炒"は「油でいためる」という意味。

　中国料理のメニューを見てみると，この"炒"のほかにも火ヘン列火"灬"の付いた字がいくつも出てくる。いずれも熱の加え方を示すものだ。

炸（zhá）：油で揚げる。
烤（kǎo）：火であぶる，焼く。
爆（bào）：さっと煮る，さっと揚げる。
焙（bèi）：（弱い火で）あぶる，ほうじる。
烙（lào）：（練った粉を）フライパンで焼く。

烩（huì）：とろみをつけて仕上げる。
煮（zhǔ）：煮る，ゆでる。
熬（āo）：長時間煮る。
煎（jiān）：油をうすく引いて焼く。

火ヘンや列火以外にも，

汆（cuān）：（肉だんごなどを）熱湯の中に入れる。
涮（shuàn）：（しゃぶしゃぶふうに）熱湯を通す。
扒（pá）：とろ火で長時間煮る。
拌（bàn）：あえる，かきまぜる。

など，まだまだある。

　料理名の多くはこれらの加熱法と食材とを組み合わせて示されている。例えば"炸猪排"（zházhūpái）は豚肉のカツレツふうの揚げ物，"烤鸭"（kǎoyā）はアヒルの丸焼き，"爆肚儿"（bàodǔr）は牛や羊の胃を熱湯でゆがいたもの，"汆丸子"（cuānwánzi）は肉だんごのスープ，"涮羊肉"（shuànyángròu）は羊肉のしゃぶしゃぶ……。

　また"肉丝"（ròusī）は豚肉の細切り，"鸡丁"（jīdīng）は鶏肉のさいの目切りというふうに食材の切り方や，"清蒸"（qīngzhēng）は調味料を加えずに蒸したもの，"红烧"（hóngshāo）はしょうゆなどで濃い味付けをして煮込んだものというふうに調理法が示されていることもある。（U）

第 7 课 便利店
Dì qī kè

BIÀNLÌDIÀN

● 語　釈 ●

便利店	biànlìdiàn	名	コンビニ，コンビニエンス・ストア。
雨后春笋	yǔ hòu chūnsǔn	〈成〉	雨後の筍。新しい事物が続々と現れることをたとえる。
据说	jùshuō	動	うわさによると，聞くところによると（…だそうだ）。
开设	kāishè	動	①（店や工場などを）開く，開業する。②設置する，設ける。
人来人往	rén lái rén wǎng	〈成〉	人が行き来する。
销售	xiāoshòu	動	売る，販売する。
主食	zhǔshí	名	主食（米飯・うどん・マントウなど）。
副食	fùshí	名	副食，おかず。
水果	shuǐguǒ	名	果物。
卫生纸	wèishēngzhǐ	名	トイレット・ペーパー。
快餐	kuàicān	名	ファスト・フード。
早点	zǎodiǎn	名	軽い朝食，朝食べる点心。
饮料	yǐnliào	名	飲料，飲み物。
值得	zhídé / zhíde	動	十分…する価値がある，…するに値する。
感叹	gǎntàn	動	感嘆する，ため息がでるほど感動する。
备有	bèiyǒu	動	そろっている，備わっている。
免费	miǎn‿fèi	動	費用を免除する，無料にする。
方便面	fāngbiànmiàn	名	インスタント・ラーメン，即席麺。
冲	chōng	動	（熱湯などを）注ぐ。
必需	bìxū	動	必要である，欠くことができない。
配备	pèibèi	動	設備する，配備する。
设施	shèshī	名	設備，施設。
健身房	jiànshēnfáng	名	トレーニング・ジム。
占有	zhànyǒu	動	（位置・地位を）占める。

便利店

近几年来，24小时便利店在中国的城市里如雨后春笋不断出现。据说在北京和上海等大城市里，便利店不但开在热闹的大街，还开设到了人来人往的地下地铁站。

便利店里销售的是人们最常用的商品，如主食、副食、水果、学生文具、卫生纸等。另外，还销售中西快餐、早点、饮料等。

值得感叹的是，北京市内的便利店真是"便利"极了。店内备有免费开水，买个方便面就可以在店里冲上吃了。

最近的新闻报道说，年轻人买房子的时候，认为住宅

Biànlìdiàn

周围 必需 配备 的 生活 设施，第 一 是 24 小时 便利店，
zhōuwéi bìxū pèibèi de shēnghuó shèshī, dì yī shì èrshisì xiǎoshí biànlìdiàn,

其次 是 健身房、小型 图书馆 和 羽毛球室。可见 便利店 在
qícì shì jiànshēnfáng、xiǎoxíng túshūguǎn hé yǔmáoqiúshì. Kějiàn biànlìdiàn zài

现代 中国人 的 生活 中 开始 占有 重要 地位。
xiàndài Zhōngguórén de shēnghuó zhōng kāishǐ zhànyǒu zhòngyào dìwèi.

ポイント 7

1 "如"

1 「まるで…のごとくである，…のようである，…と同じである」

1) 亲如一家。　　　　　　　　　　　　Qīn rú yì jiā.

2) 便利店在中国的城市里如雨后春笋不断出现。　　Biànlìdiàn zài Zhōngguó de chéngshì li rú yǔ hòu chūnsǔn búduàn chūxiàn.

2 例をあげるのに用いる。「例えば…などである」

1) 唐代有很多大诗人，如李白、杜甫、白居易等。　　Tángdài yǒu hěn duō dà shīrén, rú Lǐ Bái、Dù Fǔ、Bái Jūyì děng.

2) 便利店里销售的是人们最常用的商品，如食品、学生文具等。　　Biànlìdiàn li xiāoshòu de shì rénmen zuì chángyòng de shāngpǐn, rú shípǐn, xuésheng wénjù děng.

3 「…のとおりに」

1) 如期完成。　　　　　　　　　　　　Rú qī wánchéng.

2) 如数还清。　　　　　　　　　　　　Rú shù huánqīng.

4 「（程度や能力が）及ぶ，匹敵する」。否定形でのみ用いられる。

1) 坐火车不如坐飞机快。　　　　　　　Zuò huǒchē bù rú zuò fēijī kuài.

2) 他老人家的身体一年不如一年。　　　Tā lǎorenjia de shēntǐ yì nián bùrú yì nián.

2 "不但…而且…" ――「…だけでなく…も」（累加関係）

"不但"の代わりに"不仅"，"而且"の代わりに"还"や"也"などが使われることもある。

1) 我不但会说汉语，而且还会说英语。　　Wǒ búdàn huì shuō Hànyǔ, érqiě hái huì shuō Yīngyǔ.

2) 他现在不仅不缺钱，而且还有不少存款。　　Tā xiànzài bùjǐn bù quē qián, érqiě hái yǒu bù shǎo cúnkuǎn.

3) 便利店**不但**开在热闹的大街，**还**开设到了地铁站。　　Biànlìdiàn búdàn kāizài rènao de dàjiē, hái kāishèdàole dìtiězhàn.

3 "值得…"

1 「(値段的に) 引き合う，割に合う」

1) 这本词典才二十五块钱一本，**值得**。　　Zhè běn cídiǎn cái èrshiwǔ kuài qián yì běn, zhídé.

2) 这种电脑不贵，**值得**买。　　Zhè zhǒng diànnǎo bú guì, zhídé mǎi.

2 「…するだけの値打ちがある，…するだけの価値がある，…するかいがある」

1) 那部电影**值得**一看。　　Nà bù diànyǐng zhídé yí kàn.

2) **值得**感叹的是，北京市内的便利店真是"便利"极了。　　Zhídé gǎntàn de shì, Běijīng shìnèi de biànlìdiàn zhēnshi "biànlì" jí le.

4 "可见"〔接続詞〕

1 「…から…であることが分かる，…から見れば…が明らかである」

1) 他一句话也不说，**可见**是生气了。　　Tā yí jù huà yě bù shuō, kějiàn shì shēngqì le.

2) 最近她经常生病，**可见**身体不如以前了。　　Zuìjìn tā jīngcháng shēngbìng, kějiàn shēntǐ bùrú yǐqián le.

2 ("由此" + "可见"の形で)「以上から分かる，このことによって分かる」

1) **由此可见**，这项研究是很重要的。　　Yóu cǐ kějiàn, zhè xiàng yánjiū shì hěn zhòngyào de.

2) **由此可见**，这是没有科学根据的。　　Yóu cǐ kějiàn, zhè shì méiyǒu kēxué gēnjù de.

翻译与会话练习

1. （　）内の語句を使って、中国語で表現しなさい。

1　このおかずはおいしいばかりでなく、色もきれいだ。（不但…也…）

2　彼女は美人であるだけでなく、頭もよい。（不仅…而且…）

3　コンビニは中国で雨後の筍のようにひっきりなしに現れている。（如）

4　その本は読む価値がある。（值得）

2. 次の問いに答えなさい。

1　你经常在便利店买什么？

2　你认为日本的便利店方便吗？为什么？

3　你知道"打八折"是什么意思吗？

4　今年秋天流行什么颜色？

听力练习

中国語の質問を聞き，本文の内容に合う最も適当な答えを1つ選びなさい。

CD 35 (1) 在中国的大城市里，便利店开设在什么地方？

① _____   ② _____

③ _____   ④ _____

CD 36 (2) 便利店里主要销售什么商品？

① _____   ② _____

③ _____   ④ _____

CD 37 (3) 年轻人买房子时，重视什么配备的生活设施？

① _____   ② _____

③ _____   ④ _____

ヒント

住宅区 zhùzháiqū：住宅地区。

第7课　便利店——59

COLUMN

コンビニ・市場

　中国で"便利店"（biànlìdiàn―コンビニエンス・ストア）の最も多い都市は上海です。1996年，日本のローソンが初めて進出し，"罗森"（Luósēn）という音訳された店名で上海第一号店がオープンしました。その後，中国系の大手"可的"（Kědí），"华联快客"（Huálián Kuàikè），"良友便利"（Liángyǒu Biànlì），"好德"（Hǎodé）や台湾系"全家福"（Quánjiāfú―ファミリーマート）などが次々オープンしています。

　"罗森"の商品構成は日本とよく似ています。日本の庶民的な伝統食である"关东煮"（guāndōngzhǔ―おでん），"章鱼小丸子"（zhāngyú xiǎowánzi―たこ焼き）も販売されており，売れ筋の食品となっています。最近，若者に特に受けがよい商品は"开杯乐"（kāibēilè）です。これは「カップヌードル」の音を中国語に置き換えたもので，漢字のもつ意味の面白さや発音のしやすさなどを考慮した苦心のネーミングです。

　買い物は現地の人々の生活に触れるよい機会なので，できれば"便利店"だけではなく，次のような場所でも買い物を楽しんでみてはいかがでしょうか。
　"自由市场"（zìyóu shìchǎng―自由市場）
　"农贸市场"（nóngmào shìchǎng―野菜肉市場）
　"专卖店"（zhuānmàidiàn―高級専門店）
　"超市"（chāoshì―スーパー・マーケット）
　"商场"（shāngchǎng―デパート）
　"商城"（shāngchéng―ショッピング・モール）

（L）

第 8 课　阴 晴 冷 暖
Dì bā kè　　YĪN QÍNG LĚNG NUǍN

● 語　釈 ●

阴晴冷暖	yīn qíng lěng nuǎn		寒暖晴雨。
出门	chū▲mén	動	外出する，出かける。
大衣	dàyī	名	オーバーコート，外套。
总之	zǒngzhī	接	とにかく，いずれにしても。
无穷	wúqióng	形	尽きるところがない，限りがない。
影响	yǐngxiǎng	動	影響を与える，影響する。
觉得	juéde	動	感じる，…のような気がする。
欣喜	xīnxǐ	形	喜ばしい，うれしい。
烦躁	fánzào	形	いらいらする，いらだたしい。
反正	fǎnzhèng / fǎnzheng	副	どうせ，いずれにせよ，どのみち。
打交道	dǎ jiāodào		交際する，つきあう，相手にする。
众多	zhòngduō	形	たいへん多い。
熟悉	shúxi	動	よく知っている，熟知している。
抱怨	bàoyuàn / bàoyuan	動	不満に思う，くやしがる。
永远	yǒngyuǎn	副	永久に，いつまでも。
常言道	chángyán dào		ことわざに…と言う。
不测风云	búcè fēngyún	〈成〉	予測し難い風と雲。⇨思いもよらない異変。
任何	rènhé	形	どんな，どのような，いかなる。
喜悦	xǐyuè	形	喜ばしい，うれしい，楽しい。
痛苦	tòngkǔ	形	苦痛である，つらい。　名　苦痛，苦しみ。
风雨同舟	fēngyǔ tóng zhōu	〈成〉	（風雨のなか同じ船に乗り合わせる⇨）力を合わせて困難を乗り切る。
跳	tiào	動	跳ぶ，はねる。

课文 阴晴冷暖

今天 出门 要 不 要 带 雨伞？明天 要 不 要 穿 大衣？
Jīntiān chūmén yào bu yào dài yǔsǎn? Míngtiān yào bu yào chuān dàyī?

总之，自然界 的 阴 晴 冷 暖、春 夏 秋 冬 等 现象 变化
Zǒngzhī, zìránjiè de yīn qíng lěng nuǎn、chūn xià qiū dōng děng xiànxiàng biànhuà

无穷，而且 还 经常 影响到 我们 的 生活，有时 让 人 觉得
wúqióng, érqiě hái jīngcháng yǐngxiǎngdào wǒmen de shēnghuó, yǒushí ràng rén juéde

欣喜，有时 又 让 人 觉得 烦躁。不管 怎么样 吧，反正 得 学会
xīnxǐ, yǒushí yòu ràng rén juéde fánzào. Bùguǎn zěnmeyàng ba, fǎnzheng děi xuéhuì

跟 它 打 交道。
gēn tā dǎ jiāodào.

在 众多 的 天气 现象 中，刮 风 和 下 雨 是 我们 最
Zài zhòngduō de tiānqì xiànxiàng zhōng, guā fēng hé xià yǔ shì wǒmen zuì

熟悉 的 了。它们 本来 是 坏 天气 的 代名词，如果 一 个 人
shúxī de le. Tāmen běnlái shì huài tiānqì de dàimíngcí, rúguǒ yí ge rén

说 自己 "风里 来 雨里 去"，他 这 是 在 抱怨 自己 的 工作
shuō zìjǐ "fēnglǐ lái yǔlǐ qù", tā zhè shì zài bàoyuàn zìjǐ de gōngzuò

条件 不 好。
tiáojiàn bù hǎo.

同样，人生 也 同 天气 一样，不 会 永远 是 春 暖 花 开，
Tóngyàng, rénshēng yě tóng tiānqì yíyàng, bú huì yǒngyuǎn shì chūn nuǎn huā kāi,

常言 道："天 有 不测 风云"，任何 人 的 生活 都 会 遇到 风雨。
chángyán dào: "Tiān yǒu búcè fēngyún", rènhé rén de shēnghuó dōu huì yùdào fēngyǔ.

Yīn qíng lěng nuǎn

当你听到一位老人说"风风雨雨过去了几十年"时，你
Dāng nǐ tīngdào yí wèi lǎorén shuō "fēngfēngyǔyǔ guòqule jǐ shí nián" shí, nǐ

可以想像到，他的一生有苦有乐，有成功的喜悦，也有
kěyǐ xiǎngxiàngdào, tā de yìshēng yǒu kǔ yǒu lè, yǒu chénggōng de xǐyuè, yě yǒu

失败的痛苦。而如果你的恋人表示要"与你风雨同舟"
shībài de tòngkǔ. Ér rúguǒ nǐ de liànrén biǎoshì yào "yǔ nǐ fēngyǔ tóng zhōu"

时，你就肯定会高兴得跳起来。
shí, nǐ jiù kěndìng huì gāoxìngde tiàoqilai.

ポイント 8

1 "总之…" ——要するに，つまり，総じて言えば，とにかく；接続詞。"总而言之"ともいう。

1) 当时的心情很难形容，总之非常激动。 Dāngshí de xīnqíng hěn nán xíngróng, zǒngzhī fēicháng jīdòng.

2) 对于新事物，有的人赞成，有的人反对，总而言之，每个人都有自己的看法。 Duìyú xīn shìwù, yǒude rén zànchéng, yǒude rén fǎnduì, zǒng ér yán zhī, měi ge rén dōu yǒu zìjǐ de kànfa.

2 "有时…有时…" ——ときには…ときには…，…することもある

多くは連用するが，単用することもある。

1) 我有时坐电车，有时坐公共汽车。 Wǒ yǒushí zuò diànchē, yǒushí zuò gōnggòng qìchē.

2) 这里有时候也下大雪。 Zhèli yǒu shíhou yě xià dàxuě.

3) 老师讲的语法，我有时能听懂，有时听不懂。 Lǎoshī jiǎng de yǔfǎ, wǒ yǒushí néng tīngdǒng, yǒushí tīngbudǒng.

4) 我们的生活有时让人觉得欣喜，有时又让人觉得烦躁。 Wǒmen de shēnghuó yǒushí ràng rén juéde xīnxǐ, yǒushí yòu ràng rén juéde fánzào.

3 "反正…" ——どうせ，どのみち，いずれにせよ；副詞

前半に"不管"，"无论"，"任凭"など正反対の二つの状況あるいは任意のすべての状況を仮定する従属節を伴うことが多い。

1) 反正得去一个人，就让我去吧。 Fǎnzheng děi qù yí ge rén, jiù ràng wǒ qù ba.

2) 不管怎么样，反正得学会跟它打交道。 Bùguǎn zěnmeyàng, fǎnzheng děi xuéhuì gēn tā dǎ jiāodào.

3) 无论你怎么说，反正我不相信。 Wúlùn nǐ zěnme shuō, fǎnzheng wǒ bù xiāngxìn.

4 "当…时" ——…にあたって，…の時に

出来事が発生した時を表す。"当…的时候／之际"の省略。

1) 当他十八岁的时候，他哥哥结婚了。　　　Dāng tā shíbā suì de shíhou, tā gēge jiéhūn le.

2) 当他拿到录取通知书时，高兴得跳了起来。　　Dāng tā nádào lùqǔ tōngzhīshū shí, gāoxìngde tiàoleqilai.

3) 当消息传来之际，全场沸腾了。　　　　　Dāng xiāoxi chuánlai zhījì, quán chǎng fèiténg le.

翻译与会话练习

1. （　）内の語句を使って，中国語で表現しなさい。

　1　あそこの天気は時には寒く，時には暑い。（有时…有时…）

　2　私はコーヒーを飲むこともある。（有时…）

　3　君が何と言おうと，ぼくは信じない。（反正…）

　4　彼に会った時，ぼくは跳び上がるほど喜んだ。（当…时）

2. 次の問いに答えなさい。

　1　在一年四季中，你最喜欢什么季节？

　2　你最想去中国的什么地方旅游，为什么？

　3　说一说东京和北京在气候方面有什么不同之处？

　4　你去过中国的什么城市？那里的气候有什么特点？

听力练习

中国語の質問を聞き，本文の内容に合う最も適切な答えを1つ選びなさい。

CD39 (1) 有人说自己每天都是"风里来雨里去的"，这是什么意思？

① _____ ② _____

③ _____ ④ _____

CD40 (2) "天有不测风云"的含义是：

① _____ ② _____

③ _____ ④ _____

CD41 (3) 有人表示要"与你风雨同舟"，这句话的含义是：

① _____ ② _____

③ _____ ④ _____

ヒント

经常 jīngcháng：いつも，常に。
渡过 dùguò：越す，渡る，乗り切る。

COLUMN

私の好きなことわざ・格言

●树挪死，人挪活　　Shù nuó sǐ, rén nuó huó
　樹木は移植すると枯れるが，人間は環境が変わると発展するものだ。
　"树挪死"は枕詞のようなもので，言いたいのは後半の"人挪活"。"树挪死"は庭いじりの好きな私には実感としてよくわかる。「石の上にも三年」とも言うが，適度に環境を変えてみるのも悪くない。

●活到老，学到老　　Huódào lǎo, xuédào lǎo
　人間は生きているかぎり勉強しなければならない。古稀を間近にした老生の座右銘でもある。なにしろ"学海无涯"（xuéhǎi wú yá―学問には果てしがない），"学无止境"（xué wú zhǐ jìng―同上）なのだから。

●好吃不过饺子　　Hǎochī bú guò jiǎozi
　ギョーザに勝るうまいものはなし。
　お説教じみたのが続いたので口直しに。中国人，特に北方の人はギョーザが好きだ。私自身はギョーザが大好物というわけではない。実はこのことわざとしばしば一緒に使われる"舒服不过倒着"（Shūfu bú guò dǎozhe―横になるのがいちばんの極楽）というのが気に入っている。

●头发长，见识短　　Tóufa cháng, jiànshi duǎn
　髪は長いが，知恵が足りない。
　旧時，女性を貶(けな)すのに使われた。"妇女能顶半边天"，女性が天の半分を支えるとされる今日，時代錯誤もいいとこだが，思想はともかく，簡潔な対句表現が面白い。"短"には「短い」という意味のほかに「足りない，かけている」という意味がある。

●文章是自己的好，老婆是别人的好　　Wénzhāng shì zìjǐ de hǎo, lǎopo shì biéren de hǎo
　文章は自分の書いたものがよく，女房は他人のがよく見える。隣の芝生は青い。
　中国人なら誰でも知っている。魯迅の弟の周作人もどこかで引いていた。
　おまえはどう思うかですって？　前半は人様の文章がよく見えます。後半はノーコメントということにしておきましょう。（U）

第 9 课　颜色 的 象征 意义
Dì jiǔ kè　　　YÁNSÈ DE XIÀNGZHĒNG YÌYÌ

● 語　釈 ●

象征	xiàngzhēng	動	象徴する。
吉祥	jíxiáng	形	縁起がよい，めでたい。
喜庆	xǐqìng	形	めでたい，喜ばしい。
喜事	xǐshì	名	喜ばしいこと，めでたい事，慶事。
离不开	líbukāi	動	（人や物・場所から）離れられない，切り離すことができない。
对联	duìlián	名	紙や布などに書いた対句。またこれを掛け軸などにしたもの。対聯。
灯笼	dēnglong	名	ちょうちん，とうろう。
具有	jùyǒu	動	そなえている，持っている。
兴旺	xīngwàng	形	盛んである，繁栄している。
开头	kāitóu	名	冒頭，始め，始まり。
运气	yùnqi	名	運，運命，幸運。
悲伤	bēishāng	形	悲しい，傷ましい。
哀悼	āidào	動	哀悼する，敬弔の意を表す。
丧事	sāngshì	名	葬儀，葬式。
戴	dài	動	（頭，顔，首，腕などに）着用する。
挽联	wǎnlián	名	死者を哀悼する対聯。
沉重	chénzhòng	形	重い，重々しい，重苦しい。
阴暗	yīn'àn	形	（表情・気持ち・前途などが）暗い，陰気である。
吉利	jílì	形	めでたい，縁起がよい。
光彩	guāngcǎi	形	光栄である。
恐怖	kǒngbù	形	恐ろしい，恐怖である。
非法	fēifǎ	形	非合法な，不法な。
倒霉	dǎoméi	形	運が悪い，縁起がよくない，ついていない。
心肠	xīncháng	名	気持ち，気立て，心根。

课文 颜色 的 象征 意义

汉民族传统把红色当成吉祥喜庆之色,有喜事时,
Hàn mínzú chuántǒng bǎ hóngsè dàngchéng jíxiáng xǐqìng zhī sè, yǒu xǐshì shí,

处处离不开红色。比如,结婚时新娘穿红衣红裙,新房
chùchù líbukāi hóngsè. Bǐrú, jiéhūn shí xīnniáng chuān hóngyī hóngqún, xīnfáng

贴红喜字;生孩子吃红鸡蛋;过年贴红对联,挂红
tiē hóng xǐzì; shēng háizi chī hóng jīdàn; guònián tiē hóng duìlián, guà hóng

灯笼……。在汉语里,红色具有吉祥、喜庆、热闹、兴旺、
dēnglong...... . Zài Hànyǔ li, hóngsè jùyǒu jíxiáng、xǐqìng、rènao、xīngwàng、

光荣、成功等象征意义。在这方面,常用的词语很多
guāngróng、chénggōng děng xiàngzhēng yìyì. Zài zhè fāngmiàn, chángyòng de cíyǔ hěn duō

都有红字,如事业开头顺利叫"开门红",运气非常好叫
dōu yǒu hóng zì, rú shìyè kāitóu shùnlì jiào "kāiménhóng", yùnqi fēicháng hǎo jiào

"走红运",企业分配利润叫"分红"。
"zǒu hóngyùn", qǐyè fēnpèi lìrùn jiào "fēnhóng".

白色,在汉民族看来,象征悲伤和哀悼,传统将其
Báisè, zài Hàn mínzú kànlái, xiàngzhēng bēishāng hé āidào, chuántǒng jiāng qí

视为丧事之色。办丧事时,死者的亲人穿白衣白裤白鞋、
shìwéi sāngshì zhī sè. Bàn sāngshì shí, sǐzhě de qīnrén chuān báiyī báikù báixié、

戴白花,家中挂白色挽联,所以,丧事又称"白事"。
dài báihuā, jiāzhōng guà báisè wǎnlián, suǒyǐ, sāngshì yòu chēng "báishì".

黑色是煤、墨或夜的颜色,给人以沉重、阴暗的
Hēisè shì méi、mò huò yè de yánsè, gěi rén yǐ chénzhòng、yīn'àn de

Yánsè de xiàngzhēng yìyì

感觉。在汉民族看来，象征着不吉利、不光彩、恐怖、非法、错误等。一个人倒霉是"走黑运"，干了坏事是给自己和亲人的脸上"抹黑"，心肠狠毒是"黑心肠"，非法组织叫"黑社会"，在黑社会中使用的话叫"黑话"。

ポイント 9

1 "把（将）…当成（视为／称为／看作／当作／看成）…" ——…を…と見なす

1) 中国人把结婚称为"终身大事"。　　Zhōngguórén bǎ jiéhūn chēngwéi "zhōngshēn dàshì".

2) 我把日本当作第二故乡。　　Wǒ bǎ Rìběn dàngzuò dì èr gùxiāng.

3) 有些民族将白色视为吉祥之色。　　Yǒuxiē mínzú jiāng báisè shìwéi jíxiáng zhī sè.

2 "在…方面／中／上／下…"

1 "在…方面"の形で，範囲を限定する。「…の面で」。

1) 在文学方面，他很有研究。　　Zài wénxué fāngmiàn, tā hěn yǒu yánjiū.

2) 在政治、经济、文化等方面取得了很大进步。　　Zài zhèngzhì、jīngjì、wénhuà děng fāngmiàn qǔdéle hěn dà jìnbù.

2 "在…中"の形で，「（…の過程）に，（…の範囲）に」。

1) 他在与人的交往＊中恢复了自信。　　Tā zài yǔ rén de jiāowǎng zhōng huīfùle zìxìn.
　　＊交往：付き合い，交際。

2) 在学生中，他是很受欢迎的老师。　　Zài xuésheng zhōng, tā shì hěn shòu huānyíng de lǎoshī.

3 "在…上"の形で，「（…の一面）で」。

1) 这部电影在题材和内容上都很好。　　Zhè bù diànyǐng zài tícái hé nèiróng shang dōu hěn hǎo.

2) 产品的好坏是体现＊在质量上的。　　Chǎnpǐn de hǎo huài shì tǐxiàn zài zhìliàng shang de.
　　＊体现：（抽象的な事柄を）具体的な形に表す。

4 "在…下"の形で，条件を表す。

1) 他在父母的劝说＊下向对方承认＊了错误。　　Tā zài fùmǔ de quànshuō xia xiàng duìfāng chéngrènle cuòwù.
　　＊劝说：説得する。　＊承认：認める，承認する。

2) 在大家的努力下，顺利完成了任务。　　　Zài dàjiā de nǔlì xia, shùnlì wánchéngle rènwu.

3 "给…以…" ——…に…を与える

1) 他给我以很大的帮助。　　　Tā gěi wǒ yǐ hěn dà de bāngzhù.

2) 黑色给人以沉重、阴暗的感觉。　　　Hēisè gěi rén yǐ chénzhòng、yīn'àn de gǎnjué.

3) 他的话给了我们以极大的鼓励*。　　　Tā de huà gěile wǒmen yǐ jí dà de gǔlì.
　　　*鼓励：励ます，激励する。

4 "在…看来…" ——…から見れば…と思う

ある人の考え方を示す。

1) 在老师看来，学生没有理由不上课。　　　Zài lǎoshī kànlái, xuésheng méi yǒu lǐyóu bú shàngkè.

2) 在一般人看来，他是一个很了不起的人。　　　Zài yìbānrén kànlái, tā shì yí ge hěn liǎobuqǐ de rén.

3) 在汉民族看来，黑色象征着不吉利、不光彩、恐怖、非法、错误等。　　　Zài Hàn mínzú kànlái, hēisè xiàngzhēngzhe bù jílì、bù guāngcǎi、kǒngbù、fēifǎ、cuòwù děng.

翻译与会话练习

1. 次の文を日本語に訳しなさい。

1　这些东西都是在黑市上买的。

2　他在美国已经拿到绿卡了。

3　这次考试太难了，我们班有好几个人都交了白卷。

4　我仍然属于蓝领阶层。

5　老板说，今年年底给所有员工发红包。

6　那个歌手尽管年龄不大，已经在香港唱红了。

7　他们都相恋两年了，怎么会黄了呢?

2. 次の問いに答えなさい。

1　在汉民族看来，红颜色有什么象征意义？

2　你喜欢什么颜色的衣服？为什么？

3　日本人结婚时，新郎、新娘一般穿什么服装？

4　中国人和日本人对于颜色的认识有什么不同？

听力练习

中国語の質問を聞き，本文の内容に合う最も適当な答えを1つ選びなさい。

CD43 （1）"开门红"的意思是：

① _____ ② _____

③ _____ ④ _____

CD44 （2）中国的汉族人所说的"白事"的意思是：

① _____ ② _____

③ _____ ④ _____

CD45 （3）"我给亲人脸上抹黑了"，这句话的含义是：

① _____ ② _____

③ _____ ④ _____

第 10 课 中医 养生

Dì shí kè

ZHŌNGYĪ YǍNGSHĒNG

● 語 釈 ●

中医	zhōngyī	名	（伝統的な）中国医学，漢方医学。
五行	wǔxíng	名	中国古来の思想で，万物の根源をなすと考えられた五つの元素，木・火・土・金・水をいう。
规律	guīlǜ	名	法則。
门	mén	量	学問・技術を数える。
强调	qiángdiào	動	強く主張する，強調する。
天人合一	tiānrén héyī		自然と人とが一体となる。
和谐	héxié	形	調和がとれている。
构成	gòuchéng	動	構成する。
藏	cáng	動	隠れる，ひそめる，貯蔵する。
因此	yīncǐ	接	それゆえ，それで，そこで，したがって。
顺	shùn	動	沿う，従う。
养生	yǎngshēng	動	身体を養う，衛生を守り健康の増進に心がける。
准则	zhǔnzé	名	準則，基準。
四肢	sìzhī	名	四肢。
调动	diàodòng	動	（ある方向に）移動させる，結集する。
空虚	kōngxū	形	空虚である，空っぽである。
闹肚子	nào dùzi		腹を下す，下痢をする。
虚弱	xūruò	形	虚弱である，弱い。
调整	tiáozhěng	動	調整する。
按照	ànzhào	介	…に基づいて，…に従って。
适当	shìdàng	形	適当である，適切である。
调养	tiáoyǎng	動	（飲食に注意したり薬を服用したりして）養生する，摂生する。
达到	dádào	動	（目的を）達成する。
延年益寿	yán nián yì shòu	〈成〉	寿命を延ばす，長生きする。

中医 养生

中医学是以阴阳五行的理论来研究人体运动生命规律的一门学问。中医强调天人合一，当人与自然不能和谐的时候，人就要生病。

我们知道，自然界的运动表现是春、夏、秋、冬。春温、夏热、秋凉、冬寒构成了自然界一切事物春生、夏长、秋收、冬藏的规律。因此，人顺自然，就成为养生的重要准则。春天人的气血从内脏向四肢调动。到夏天，所有的气血都调动到外面去了，而内里是空虚的。夏天容易闹肚子，原因不完全是细菌和病毒，因为人的阳气都跑外面来了，里面比较虚弱。秋风一起，人的气血开始从外面向里面走。到冬天，人的气血都藏到

Zhōngyī yǎngshēng

里面 了，而 外面 不足，就 容易 感冒 了。
lǐmiàn le, ér wàimiàn bùzú, jiù róngyì gǎnmào le.

　　天人 合一，一 方面 要求 我们 调整 自身 的 生活，让 它
　　Tiānrén héyī, yì fāngmiàn yāoqiú wǒmen tiáozhěng zìshēn de shēnghuó, ràng tā

顺应 四时 的 规律；另 一 方面 中老年 人 可以 按照 季节 的
shùnyìng sìshí de guīlǜ; lìng yì fāngmiàn zhōnglǎonián rén kěyǐ ànzhào jìjié de

变化，适当 用 些 中药 来 调养 身体，以 达到 延 年 益 寿 的
biànhuà, shìdàng yòng xiē zhōngyào lái tiáoyǎng shēntǐ, yǐ dádào yán nián yì shòu de

目的。
mùdì.

第10课 中医养生

ポイント 10

1 "而"〔接続詞〕

1 名詞以外の並列等の関係にある二つの成分を接続する。

1) 大而甜的苹果。（並列関係）　　　　　　　Dà ér tián de píngguǒ.

2) 现在南方热，而北方却很冷。（逆接関係）　Xiànzài nánfāng rè, ér běifāng què hěn lěng.

3) 因病而缺席。（因果関係）　　　　　　　　Yīn bìng ér quēxí.

4) 华而不实。（肯定と否定で補い合う）　　　Huá ér bù shí.

2 方式や状態を表す成分を動詞に接続する。

1) 顺流而下。　　　　　　　　Shùn liú ér xià.

2) 随风而来。　　　　　　　　Suí fēng ér lái.

3) 顺四时而生。　　　　　　　Shùn sìshí ér shēng.

2 "一方面…（另）一方面…" ── 一方では…他方では…，…する一方…

二つの関連をもつ物事，または一つの物事の二つの側面をつなぐ。後の"一方面"の前には"另"を加えることができ，また後に"又，也，还"などの副詞を伴う。

1) 一方面要加快进度，一方面还要注意安全。　　Yì fāngmiàn yào jiākuài jìndù, yì fāngmiàn hái yào zhùyì ānquán.

2) 我们要一方面从书本上，另一方面从实践中学习科学知识。　　Wǒmen yào yì fāngmiàn cóng shūběn shang, lìng yì fāngmiàn cóng shíjiàn zhōng xuéxí kēxué zhīshi.

●比較："一方面""一面""一边"

"一方面"は並存する二つの側面を表すことに重点があり，時間的には前後してもよい。これに対して，"一面"と"一边"は同時に進行する二種の動作を表すことに重点がある。

1) 她一边洗衣服一边听音乐。　　　　Tā yìbiān xǐ yīfu yìbiān tīng yīnyuè.

2）爸爸一面吃饭一面看报纸。　　　　　　Bàba yímiàn chī fàn yímiàn kàn bàozhǐ.

3）他一方面要完成学业，一方面还要打工　Tā yì fāngmiàn yào wánchéng xuéyè, yì fāngmiàn
　　赚钱*。　　　　　　　　　　　　　　hái yào dǎgōng zhuànqián.
　　　　　　　　　　　　　　　　　　　　＊赚钱：金をかせぐ。

3 "按照…" ──…に照らして，…によって，…のとおりに：介詞

1）按照现在这个速度，这项工作需要一年　Ànzhào xiànzài zhège sùdù, zhè xiàng gōngzuò
　　才能完成。　　　　　　　　　　　　　xūyào yì nián cái néng wánchéng.

2）按照实际情况决定工作方针。　　　　　Ànzhào shíjì qíngkuàng juédìng gōngzuò
　　　　　　　　　　　　　　　　　　　　fāngzhēn.

3）中老年人可以按照季节的变化，用中药　Zhōnglǎonián rén kěyǐ ànzhào jìjié de biànhuà,
　　调养身体。　　　　　　　　　　　　　yòng zhōngyào tiáoyǎng shēntǐ.

4 "以"〔介詞〕

1 よりどころ・方法を表す。「…で，…をもって，…を用いて」＝"用""拿""将"。

1）以个人身份参加。　　　　　　　　　　Yǐ gèrén shēnfen cānjiā.

2）中医学是以阴阳五行的理论来研究人体　Zhōngyīxué shì yǐ yīnyáng wǔxíng de lǐlùn lái
　　运动生命规律的一门学问。　　　　　　yánjiū réntǐ yùndòng shēngmìng guīlǜ de yì mén
　　　　　　　　　　　　　　　　　　　　xuéwen.

2 方法・基準を表す。「…のとおりに，…に従って」＝"依""顺""按照"。

1）以次就座。　　　　　　　　　　　　　Yǐ cì jiù zuò.

2）以高标准要求自己。　　　　　　　　　Yǐ gāo biāozhǔn yāoqiú zìjǐ.

3 「…の理由で，…ゆえに」＝"因""因为"。

1）我以有你这样的朋友而感到高兴。　　　Wǒ yǐ yǒu nǐ zhèyàng de péngyou ér gǎndào
　　　　　　　　　　　　　　　　　　　　gāoxìng.

2) 他是以精通业务，被任命为负责人的。　　Tā shì yǐ jīngtōng yèwù, bèi rènmìng wéi fùzérén de.

4 「目的は…である」

1) 建立合理的规章制度,以利于企业发展。　　Jiànlì hélǐ de guīzhāng zhìdù, yǐ lìyú qǐyè fāzhǎn.
＊规章：规则，定款。

2) 用中药调养身体，以达到益寿延年的目的。　　Yòng zhōngyào tiáoyǎng shēntǐ, yǐ dádào yì shòu yán nián de mùdì.

5 「(ある日時)に」＝"在""于"。

1) 中日两国以1972年9月29日宣告建立外交关系。　　Zhōng-Rì liǎng guó yǐ yījiǔqī'èr nián jiǔyuè èrshijiǔ rì xuāngào jiànlì wàijiāo guānxi.

翻译与会话练习

1. （　）内の語句を使って，中国語で表現しなさい。

1　先生のおっしゃったように書き直しましょう。（按照…）

2　妹はピアノを弾きながら歌を歌っています。（一边…一边…）

3　母は友達とおしゃべりしながらコーヒーを飲んでいます。（一面…一面…）

4　私たちは一方では中国語を勉強し，他方では英語を勉強しなければならない。（一方面…一方面…）

2. 次の問いに答えなさい。

1　请说出你吃过的中药名称?

2　当你生病的时候，是看西医还是看中医？为什么?

3　你喜欢吃的食物中，哪些属于中药?

4　为了延年益寿，你怎样调养身体?

听力练习

中国語の質問を聞き，本文の内容に合う最も適当な答えを1つ選びなさい。

CD 47　(1) 在中医看来，人为什么夏天容易闹肚子？

① _____　② _____

③ _____　④ _____

CD 48　(2) 在中医看来，人为什么冬天容易感冒？

① _____　② _____

③ _____　④ _____

CD 49　(3) 中医强调的"天人合一"这句话是什么意思？

① _____　② _____

③ _____　④ _____

补充听力练习

各課のテーマと一致した内容の聞き取り練習を10題収録しました。

补充听力练习 1

中国語を聞いて，それぞれの質問に対して①～④の中から最も適当な答えを１つ選びなさい。

CD 50

CD 51 （1）学外语，不仅要学语言，还要了解什么？

① ②
③ ④

CD 52 （2）问年长者的年龄，汉语应该怎么说？

① ②
③ ④

CD 53 （3）作者在中国有过很多什么经历？

① ②
③ ④

・ヒント・

入乡随俗 rù xiāng suí sú：郷に入りては郷に従え。
习惯 xíguàn：習慣。
失败 shībài：失敗（する）。
不好意思 bù hǎoyìsi：恥ずかしい，きまりが悪い。
地理 dìlǐ：地理。
礼节 lǐjié：礼儀，礼儀作法。
成功 chénggōng：成功（する）。
宝贵 bǎoguì：大切だ，貴重だ。

补充听力练习 2

中国語を聞いて、それぞれの質問に対して①～④の中から最も適当な答えを1つ選びなさい。

CD 54

CD 55 (1) 中国城市里的网吧，面积大不大？

① _____ ② _____
③ _____ ④ _____

CD 56 (2) 有些少年儿童在网吧里干什么？

① _____ ② _____
③ _____ ④ _____

CD 57 (3) "我要去网吧，再不走就没地方了。"这句话是什么意思？

① _____ ② _____
③ _____ ④ _____

・ヒント・

城市 chéngshì：都市。

少年儿童 shàonián értóng：児童少年，少年少女。

网络 wǎngluò：ネット・ワーク。

共同 gòngtóng：共同で(…する)，みんなでいっしょに(…する)。

一代 yí dài：人の一代。

补充听力练习 3

中国語を聞いて，それぞれの質問に対して①〜④の中から最も適当な答えを1つ選びなさい。

CD 58

CD 59 （1）他是什么时候去中国朋友家做客的？

① ②
③ ④

CD 60 （2）他为什么认为酒不能说是礼物？

① ②
③ ④

CD 61 （3）他说"我还有点儿事，该走了"时，是什么时间？

① ②
③ ④

CD 62 （4）他为什么吓了一跳？

① ②
③ ④

- ヒント -

敲门 qiāomén：ノックする，門をたたく。

烟酒不分家 yānjiǔ bù fēn jiā：たばこと酒は自他の分け隔てをしない（共に楽しむものだ）。

白酒 báijiǔ：蒸留酒の総称。

吓一跳 xià yí tiào：びっくりして跳び上がる，（跳び上がるほど）びっくりする。

补充听力练习 4

中国語を聞いて、それぞれの質問に対して①〜④の中から最も適当な答えを１つ選びなさい。

(1)

问：这句话的意思是：

①　　　　　　　　　　　　　　②
③　　　　　　　　　　　　　　④

(2)

问：这句话的意思是：

①　　　　　　　　　　　　　　②
③　　　　　　　　　　　　　　④

(3)

问：说话人的意思是：

①　　　　　　　　　　　　　　②
③　　　　　　　　　　　　　　④

ヒント

场 cháng：(風雨などの)回数を数える量詞。
认识 rènshi：見知る，知っている。
即使 jíshǐ：たとえ…としても。

补充听力练习 5

中国語を聞いて，それぞれの質問に対して①～④の中から最も適当な答えを1つ選びなさい。

CD 69

CD 70 (1) 他们是什么运动队？

① _____ ② _____
③ _____ ④ _____

CD 71 (2) 昨天的比赛，他们队的成绩怎么样？

① _____ ② _____
③ _____ ④ _____

CD 72 (3) 他们队去年的成绩怎么样？

① _____ ② _____
③ _____ ④ _____

CD 73 (4) 他们队今年取得了好成绩，主要有几个原因？

① _____ ② _____
③ _____ ④ _____

CD 74 (5) 棒球队获得冠军的第一个原因是什么？

① _____ ② _____
③ _____ ④ _____

- ヒント -

尽管 jǐnguǎn：…だけれども…，…にもかかわらず…
亚军 yàjūn：準優勝者，＝"第二名"
严格 yángé：厳格である。
指导 zhǐdǎo：指導する。

拼命 pīnmìng：一生懸命に。
训练 xùnliàn：訓練する。
受伤 shòushāng：けがをする，負傷する。

补充听力练习 6

中国語を聞いて，それぞれの質問に対して①～④の中から最も適当な答えを1つ選びなさい。

(1) 对话的两个人是什么关系？

① ②
③ ④

(2) 饭店是什么时候开业的？

① ②
③ ④

(3) 顾客是否喜欢吃川菜，为什么？

① ②
③ ④

(4) 顾客点了什么菜和汤？

① ②
③ ④

(5) 顾客点了什么酒水和主食？

① ②
③ ④

- ヒント -

光临 guānglín：おいでいただく，ご光臨たまわる。
为主 wéizhǔ：(…を)主とする。
辣子鸡 làzǐjī：四川風鶏の辛子炒め。
火锅 huǒguō：(中国風)寄せ鍋。

麻 má：しびれる，ピリピリする。
拼盘 pīnpán：盛り合わせた料理，オードブル。
酸辣汤 suānlàtāng：四川風の酸っぱくて辛いスープ。
矿泉水 kuàngquán shuǐ：ミネラル・ウォーター。

补充听力练习 7

中国語を聞いて，それぞれの質問に対して①〜④の中から最も適当な答えを1つ選びなさい。

CD 81

CD 82 （1）顾客买什么了？
① ②
③ ④

CD 83 （2）这位顾客有多大年龄？
① ②
③ ④

CD 84 （3）今年秋天什么颜色最时髦？
① ②
③ ④

CD 85 （4）什么服装可以打折优惠？
① ②
③ ④

CD 86 （5）顾客花了多少钱？
① ②
③ ④

- ヒント -

式 shì：様式，形式。
样式 yàngshì：型，スタイル。
鲜艳 xiānyàn：あでやかで美しい。
时髦 shímáo：モダンである，流行している。

合适 héshì：ちょうどよい，ぴったりする。
夏装 xiàzhuāng：夏服。　　秋装 qiūzhuāng：秋服。
上市 shàngshì：（季節性のあるものが）売り出される。
优惠 yōuhuì：優待する。

补充听力练习8

中国語を聞いて，それぞれの文に対して①～④の中から最も適切なものを1つ選びなさい。

CD 87
(1)

CD 88　问：哈尔滨什么时候开始下雪？

①　　　　　　　　　　　　　②
③　　　　　　　　　　　　　④

CD 89
(2)

CD 90　问：现在刮的是什么风？

①　　　　　　　　　　　　　②
③　　　　　　　　　　　　　④

CD 91
(3)

CD 92　问：大雨对这个省的影响怎么样？

①　　　　　　　　　　　　　②
③　　　　　　　　　　　　　④

CD 93
(4)

CD 94　问：老人和孩子为什么穿上了冬天的衣服？

①　　　　　　　　　　　　　②
③　　　　　　　　　　　　　④

ヒント

严重 yánzhòng：深刻である。

补充听力练习 9

中国語を聞いて、それぞれの質問に対して①～④の中から最も適当な答えを1つ選びなさい。

CD 95

CD 96 （1）小学生的安全帽是什么颜色？

① ②
③ ④

CD 97 （2）中国人不喜欢戴绿帽子的原因是什么？

① ②
③ ④

CD 98 （3）"黄色电影"是指什么电影？

① ②
③ ④

CD 99 （4）"红眼病"表示什么意思？

① ②
③ ④

CD 100 （5）说话的女人为什么今天眼睛是红的？

① ②
③ ④

― ヒント ―

安全帽 ānquánmào：安全帽。
丢脸 diūliǎn：面目を失う、恥さらしになる。
低级 dījí：低級である、下品である。
下流 xiàliú：卑しい、下品である。

录像 lùxiàng：録画、ビデオ。
忌妒 jìdù：嫉妬する。
胡说 húshuō：でたらめ（を言う）。
悲伤 bēishāng：悲しい。

补充听力练习 10

中国語を聞いて，それぞれの質問に対して①～④の中から最も適当な答えを1つ選びなさい。

CD 101

CD 102 （1）请说出对话的两个人的身份。
① ②
③ ④

CD 103 （2）炎热的夏天，应该多吃什么食物？
① ②
③ ④

CD 104 （3）女的从小的时候就喜欢吃什么？
① ②
③ ④

CD 105 （4）女的为什么说："今天晚上我就不吃肉了。"
① ②
③ ④

ヒント

食欲 shíyù：食欲。
清淡 qīngdàn：あっさりしている。
豆制品 dòuzhìpǐn：豆を加工した食品。
绿豆 lǜdòu：リョクトウ。
逐渐 zhújiàn：しだいに，だんだんと。
营养 yíngyǎng：栄養，養分。

平衡 pínghéng：バランス。
辛辣 xīnlà：刺激性が強い。
尤其 yóuqí：とりわけ。
讲解 jiǎngjiě：解説する，説明する。
炎热 yánrè：非常に暑い。

上野恵司(うえのけいじ) 共立女子大学名誉教授。文学博士。

1939年10月大阪府に生まれる。東京教育大学（現・筑波大学）文学部社会学科，同漢文学科卒業。1968年大阪市立大学大学院修了。1979年～81年，北京にて研修。帰国後NHKラジオ中国語講座担当。筑波大学教授，共立女子大学教授等を歴任。日本中国語検定協会の設立に参加し，長く理事・理事長を務める。現在，同協会顧問。

李 錚強(りそうきょう) 共立女子大学国際学部教授。

1983年中国東北師範大学外国語学部日本語科を卒業，1989年吉林大学大学院政治学研究科修士課程修了。1997年来日，専任講師，准教授を経て2010年4月より現職。日本中国語検定協会理事。

総合 中級中国語教程〔改訂版〕 音声ダウンロード

2007年11月11日　初版発行
2016年12月1日　改訂版第1刷発行
2024年8月20日　改訂版第6刷発行

監　修　上野恵司
著　者　李　錚強
発行者　佐藤和幸
発行所　白帝社

〒171-0014　東京都豊島区池袋2-65-1
TEL 03-3986-3271　FAX 03-3986-3272
info@hakuteisha.co.jp　https://www.hakuteisha.co.jp/

印刷 倉敷印刷（株）／製本 ティーケー出版印刷（株）

Printed in Japan　〈検印省略〉　6914　ISBN978-4-86398-263-5
ⒸUeno Keiji / Lǐ Zhēngqiáng　＊定価は表紙に表示してあります。

中検2級以上を目指す中〜上級学習者，翻訳・通訳従事者・実務家必携！

精選
中国語成語辞典［第2版］

上野惠司 編

■現代中国語でよく使われる四字成語3450語を厳選。こなれた日本語による簡潔な語釈を施し、対応する日本語の慣用的な言い回しを多く挙げる。適宜例文を示し、出典にも触れる。第2版では語の構造をさらに吟味して語釈の冒頭に明示するとともに、ピンインの区切り方に新たな工夫を凝らすことにより学習の理解を助ける。筆画索引・日本語慣用表現からの索引付。

◆A5変型判　296p
◆定価［本体価格2000円＋税］
ISBN 978-4-86398-586-5

白帝社刊